Colección: PEDAGOGÍA
Razones y propuestas educativas

Problemas actuales de política educativa

Por

Manuel DE PUELLES BENÍTEZ

COLECCIÓN RAZONES Y PROPUESTAS EDUCATIVAS
Director: José Gimeno Sacristán

Es una serie de obras de divulgación dirigida al profesorado, a quienes se inician en los estudios sobre la educación, así como a aquellas personas que, sin estar relacionadas profesionalmente con el ámbito educativo, tienen interés por uno de los sistemas que construyen el presente y determinan el futuro de las sociedades modernas.

La complejidad de la vida en el mundo actual dificulta la participación en las discusiones, en el planteamiento de iniciativas y en la toma de decisiones sobre temas y problemas que afectan a todos. La educación en una sociedad democrática —como actividad esencial de ésta, que implica a tantos sujetos y que concita sobre sí intereses tan diversos— corre el riesgo de ser sustraída del debate público por diversas razones. Una de ellas es la distancia que se establece entre las formas de ver, de entender y hasta de nombrar los problemas. Los lenguajes "expertos" se alejan inevitablemente, aunque más de lo deseable, del sentido común de la gran mayoría de la población; un distanciamiento que dificulta la posibilidad de establecer consensos sociales amplios para entender las realidades, dirimir los conflictos y apoyar la empresa colectiva que es el sistema educativo.

A través de lenguajes simplificados, pero sin renunciar al rigor, **Razones y propuestas educativas** quiere colaborar en la creación de un público interesado, cada vez más amplio, que debata *razones* y genere *propuestas*. Se van a ofrecer síntesis que recojan las diferentes tradiciones de pensamiento con estilos asequibles, tratando de sobrepasar las fronteras a la comprensión que establece el lenguaje especializado. Se abordarán temas y quehaceres esenciales en la práctica educativa, intentando romper el marco de la clasificación de los saberes para acercarse a quienes ven los problemas desde la práctica. Se recordarán tradiciones del pensamiento y del buen hacer que pueden contribuir a lograr una educación de calidad.

Esta colección, abierta a colaboraciones diversas, quiere hacer de la educación algo más transparente, ofreciendo argumentos a la reflexión personal para entender y dialogar sobre las funciones y las prácticas que asumen los sistemas educativos y sobre las esperanzas que "imaginamos" se podrían cumplir.

Títulos publicados

1. José GIMENO SACRISTÁN, *La educación obligatoria: su sentido educativo y social,* (3ª ed.).
2. Juan DELVAL, *Aprender en la vida y en la escuela,* (3ª ed.).
3. Francisco BELTRÁN y Ángel SAN MARTÍN, *Diseñar la coherencia escolar,* (2ª ed.).
4. Miguel Ángel SANTOS GUERRA, *La escuela que aprende,* (5ª ed.).
5. Luis GÓMEZ LLORENTE, *Educación pública,* (2ª ed.).
6. Juan Manuel ÁLVAREZ MÉNDEZ, *Evaluar para conocer, examinar para excluir,* (2ª ed.).
7. Jaume CARBONELL, *La aventura de innovar,* (4ª ed.).
8. Mariano FERNÁNDEZ ENGUITA, *Educar en tiempos inciertos,* (2ª ed.).
9. Jaume MARTÍNEZ BONAFÉ, *Políticas del libro de texto escolar.*
10. Antonio VIÑAO, *Sistemas educativos, culturas escolares y reformas,* (2ª ed.).
11. María CLEMENTE LINUESA, *Lectura y cultura escrita.*
12. Juan Bautista MARTÍNEZ RODRÍGUEZ, *Educación para la ciudadanía.*
13. Jurjo TORRES SANTOMÉ, *La desmotivación del profesorado,* (2ª ed.).
14. Jaume CARBONELL y Antoni TORT, *La educación y su representación en los medios.*
15. Manuel DE PUELLES BENÍTEZ, *Problemas actuales de política educativa,* (2ª ed.).
16. Susana CALVO y José GUTIÉRREZ, *El espejismo de la Educación Ambiental.*
17. Félix LÓPEZ SÁNCHEZ, *Las emociones en la educación.*
18. Rafael FEITO, *Los retos de la participación escolar.*
19. Carmen RODRÍGUEZ MARTÍNEZ, *Género y cultura escolar.*

Manuel DE PUELLES BENÍTEZ

Problemas actuales
de política educativa

Director de la colección: José Gimeno Sacristán

Segunda edición

EDICIONES MORATA, S. L.
Fundada por Javier Morata, Editor, en 1920
C/ Mejía Lequerica, 12. 28004 - MADRID
morata@edmorata.es - www.edmorata.es

© Manuel DE PUELLES BENÍTEZ
Problemas actuales de política educativa

Primera edición: 2006
Segunda edición: 2012 (reimpresión)

Cualquier forma de reproducción, distribución, comunicación pública o transformación de esta obra solo puede ser realizada con la autorización de sus titulares, salvo excepción prevista por la ley. Diríjase a CEDRO (Centro Español de Derechos Reprográficos, www.cedro.org) si necesita fotocopiar, escanear o hacer copias digitales de algún fragmento de esta obra.

© de la presente edición
EDICIONES MORATA, S. L. (2012)
Mejía Lequerica, 12. 28004 - Madrid

Derechos reservados
Depósito Legal: M-37.619-2006
ISBN: 978-84-7112-513-2

Compuesto por Ángel Gallardo Servicios Gráficos, S. L.
Printed in Spain - Impreso en España
Imprime: LAVEL. Humanes (Madrid)
Diseño de la cubierta: Equipo Táramo

Contenido

SOBRE EL AUTOR 10

INTRODUCCIÓN 11

CAPÍTULO PRIMERO: **Política y educación: El problema de los valores** 15
Las dos dimensiones de la política, 16.—*La vuelta de los valores y la política educativa,* 19.

CAPÍTULO II: **El problema de los fines de la educación** 22
Las grandes respuestas, 22.—*Los fines de la educación en nuestro legado cultural,* 25.—*Los fines de la educación en el contexto actual,* 27.

CAPÍTULO III: **Problemas de las políticas educativas de libertad** 31
El nuevo pórtico: La doble esfera de los derechos de libertad e igualdad, 31.—*La libertad de enseñanza como libertad de creación de centros docentes,* 35.—*La libertad de enseñanza como libertad de cátedra,* 39.—*La libertad de enseñanza como libertad de elección de centro,* 42.—*La educación para la libertad política,* 44.

© Ediciones Morata, S. L.

CAPÍTULO IV: **Problemas de las políticas educativas de igualdad** 48
La idea de los derechos, 48.—La educación como derecho social, 52.—Las manifestaciones de la igualdad y la educación, 55.—Libertad, igualdad y educación: ¿Valores antinómicos?, 59.

CAPÍTULO V: **El problema de la escuela comprensiva o integrada** 61
El largo camino hacia la comprensividad, 61.— Formación general, comprensividad y equidad, 66.—Comprensividad y atención a la diversidad, 70.

CAPÍTULO VI: **El problema de las reformas escolares** 75
Complejidad de las reformas escolares, 75.—Las reformas escolares de la segunda mitad del siglo xx, 78.—Reformas escolares, cultura escolar y cambio en educación, 80.— Las reformas "desde dentro": La reestructuración de las escuelas, 84.

CAPÍTULO VII: **El problema de la globalización y la educación** 86
La globalización como fenómeno de nuestro tiempo, 86.— Efectos de la globalización sobre la educación, 90.—La descentralización como ideología: ¿Hacia la autonomía de los centros?, 95.—La privatización de la educación, 98.

CAPÍTULO VIII: **El problema de los derechos sociales: Estado de bienestar, neoliberalismo y educación** 103
Origen y evolución del Estado de bienestar, 104.—La ciudadanía social y la educación, 107.—La crisis del Estado de bienestar, 111.—Un nuevo escenario ideológico, 113.—El neoliberalismo como fenómeno político y su incidencia en la educación, 114.—El discurso de la nueva derecha y la educación, El discurso de la calidad, 119.—El discurso de la libertad de elección de centro docente, 119.—El discurso de la autonomía institucional, 120.

BIBLIOGRAFÍA 123

© Ediciones Morata, S. L.

Sobre el autor

Manuel DE PUELLES BENÍTEZ es catedrático de Política de la Educación en la Universidad Nacional de Educación a Distancia (UNED). Ha sido secretario general técnico del Ministerio de Educación y Ciencia, decano de la Facultad de Filosofía y Ciencias de la Educación de la UNED, vicepresidente del Consejo Escolar del Estado, consultor de la UNESCO para el "Proyecto Red de Centroamérica y Panamá", consultor de la reforma educativa de 1990 por el grupo de personalidades relevantes, experto del Consejo de Europa para el proyecto "una educación secundaria para Europa", asesor de la Organización de Estados Iberoamericanos para la Educación, la Ciencia y la Cultura (OEI) y director de la Revista de Iberoamericana Educación. En la actualidad es miembro del consejo asesor de diversas revistas especializadas de educación.

Ha publicado diversos libros sobre las relaciones entre política y educación, entre los que cabe destacar *Política y Administración Educativas* (1991), *Política, legislación e instituciones en la educación secundaria* (en colaboración con F. PEDRÓ y P. DE BLAS) (1996), *El Colegio de Doctores y Licenciados de Madrid (1899–1999): Una historia pública* (2000), *Educación e ideología en la España contemporánea* (2002, 5.ª ed.), *Elementos de política de la educación* (2004), *Política y educación en la España contemporánea* (2004), *Estado y educación en la España liberal (1809-1857). Un sistema educativo nacional frustrado* (2004), y *Educación, igualdad y diversidad cultural* (coord.) (2005), así como numerosos trabajos y publicaciones en revistas de educación nacionales y extranjeras.

© Ediciones Morata, S. L.

Introducción

Este libro, como todos los de la colección *Razones y propuestas educativas*, va dirigido al profesorado, a todos aquellos que se relacionan con el mundo de la educación y a los que, sin estar ligados profesionalmente con esta tarea, se interesan en especial por ella. La singularidad de este libro reside, en este caso, en que la educación es vista aquí desde una óptica política. Ello no quiere decir que se minusvaloren los aspectos estrictamente pedagógicos ni los de carácter social, económico o cultural. En realidad, la educación, como todos los fenómenos humanos, sólo puede ser aprehendida en su globalidad. Sólo a efectos didácticos cabe la fragmentación de aspectos tan íntimamente ligados entre sí. Valga esta observación para señalar que, aunque nos centremos en los aspectos políticos de la educación, todo debe ser reconducido finalmente a la compleja unidad que la educación representa.

En segundo lugar, se trata de un libro que intenta destacar los problemas que, por su alcance general, afectan a la política educativa de los países que se desenvuelven dentro de lo que llamamos el mundo occidental (Europa, Estados Unidos y América Latina). Aunque la política educativa se ocupe de los problemas tal y como son —lo que el mundo positivista decimonónico denominaba *los hechos*—, hoy no podemos desvincularlos de los valores que subyacen a esos mismos hechos (lo que supone no separar a las cuestiones ideológicas de las políticas educativas, cuestiones normalmente explícitas pero a veces implícitas). Ello, como veremos, no deja de

© Ediciones Morata, S. L.

plantear problemas de muy variada índole en que los que procuraremos detenernos.

En tercer lugar, en un libro de estas características no resulta fácil seleccionar los problemas más importantes. ¿Cuáles son éstos? Sin duda, los que preocupan hoy a todos los gobiernos, a los partidos políticos, a los grupos sociales, a los medios de comunicación, pero también a profesoras y profesores, madres y padres, alumnas y alumnos. Esto es, problemas que nos afectan a todos y son de todos. La cuestión es que debemos elegir, de entre ellos, los que nos parecen más apremiantes, más actuales o de mayor incidencia sobre nosotros. Esperemos, pues, que, al menos, aunque no estén todos, los que estén sean de verdad importantes [1].

Para terminar, dos observaciones más. La primera es que, además de un enfoque teórico de los problemas, el lector encontrará usualmente una perspectiva histórica de los problemas tratados. Con ello me uno a una moderna dirección de la ciencia política actual que incorpora el enfoque histórico a los problemas políticos, principalmente porque considero que los problemas son más accesibles si se contextualizan dentro de un marco histórico: si uno quiere comprender el presente, debe acudir al pasado, al menos al más inmediato.

La segunda observación hace referencia a una actitud personal que puede ser más polémica. Uno de los mayores sociólogos de nuestro tiempo, al terminar la monumental trilogía que dedicó al estudio de las relaciones entre la economía, la sociedad y la cultura en nuestro mundo de hoy, expresó el deseo de que su estudio pueda contribuir a mejorar nuestras sociedades, y lo hizo con estas palabras: "En este sentido, no soy, ni quiero ser, un observador neutral y despegado del drama humano" (CASTELLS, 2001, vol. III: pág. 429). El lector verá también que el autor de este libro tampoco es neutral, porque considera que los valores, de un signo u otro, conforman, queramos o no, nuestras propias vidas. El lector verá pronto cuál es la posición del autor, y esto es lo que creo que honestamente debemos hacer. Como señaló hace tiempo Max WEBER, debemos exponer nuestros valores para someterlos a la libre discusión, y no tratar de ocultarlos con el velo de una neutralidad que, hoy por hoy, no es posible.

---

[1] Me he ocupado, en otros trabajos, de problemas no incluidos ahora en este libro como, por ejemplo, las relaciones entre educación, desarrollo y equidad social (PUELLES y TORREBLANCA, 1995), la aportación de los sistemas educativos a la gobernabilidad de las democracias (PUELLES y URZÚA, 1996) o los aspectos sociopolíticos del currículum (1999). En todo caso, aquellos que deseen una mayor información y una mayor sistematización pueden dirigirse a mi libro *Elementos de política de la educación*, Madrid, Universidad Nacional de Educación a Distancia, 2004.

© Ediciones Morata, S. L.

Conforme el lector se vaya adentrando en la lectura de este libro, comprenderá posiblemente hasta qué punto hechos políticos y valores éticos están involucrados. También en el mundo de la educación. El autor considera que el camino a recorrer marcha en esa dirección. El primer paso es siempre comprender la realidad. Pero, si queremos un mundo más humano, comprender no es suficiente; es necesario también cambiar y transformar todo lo que no se ajusta a la medida del hombre.

© Ediciones Morata, S. L.

CAPÍTULO PRIMERO

Política y educación: El problema de los valores

Todos sabemos que el nexo entre política y educación es, de algún modo, indudable. Basta con que recordemos, por ejemplo, los sucesos más recientes para confirmar la certeza de esta afirmación: si algunas organizaciones de padres se manifiestan multitudinaria y públicamente contra un determinado proyecto de ley que, en su opinión, niega o recorta la llamada libertad de elección de centro, no decimos entonces que estamos ante un problema técnico; si algunas asociaciones de alumnos se lanzan a la calle rechazando, por motivos opuestos, ese mismo proyecto de ley, la mayoría de la gente no piensa que se trata en realidad de un problema de disciplina escolar; si determinados sindicatos de profesores apoyan el proyecto de ley por considerarlo bueno para la enseñanza, nadie cae en la simpleza de pensar que se trata de un problema que sólo afecta al profesorado; si, en fin, el partido en el poder lleva al parlamento ese proyecto y lo negocia con diversas fuerzas parlamentarias buscando un consenso, no decimos sin más que se trata de una cuestión pedagógica que atañe únicamente a la comunidad escolar.

Estos sucesos, tan recientes, confirman esa primera percepción de que la política y la educación guardan una estrecha relación entre sí. No obstante, existe en general una gran resistencia a reconocerlo. Esta situación no es de hoy. Hace casi medio siglo que un politólogo estadounidense comenzaba un trabajo, hoy famoso, sobre la función de la educación formal en los sistemas políticos, con estas palabras:

© Ediciones Morata, S. L.

"La atención que la ciencia política ha dedicado a los problemas de la educación tiene una singular, si no, enigmática historia. Hace dos mil años, la educación ocupó una posición preeminente en el pensamiento político; hoy, en la ciencia política contemporánea considerada como un todo, la atención a los problemas de la educación casi ha desaparecido. [... Sin embargo] si buscamos comprender la naturaleza de las condiciones necesarias para el mantenimiento de un sistema, pronto se nos aparecerá como evidente que, entre las numerosas instituciones y prácticas que hacen una significativa contribución a la estabilidad y transformación del sistema político, la educación ocupa un lugar importante".

(EASTON, 1957, págs. 304 y 310.)

Treinta años más tarde, otro politólogo volvía sobre esta anomalía, señalando que cualquier referencia a las implicaciones políticas de la educación "suscita frecuentemente imágenes negativas de intrigas de pasillo, ventajas personales a través del uso del poder y tácticas de grupos de presión. Esta imagen negativa refleja probablemente la postura de que la educación debería estar, de algún modo, exenta de las interacciones políticas reconocidas en otras áreas de la sociedad" (TRACY, 1987, pág. 223). No obstante, un superficial examen de la realidad arroja un conjunto de proposiciones que dan como resultado unas cuantas evidencias, no desprovistas, empero, de cierta complejidad: la educación ha sido en el pasado —y sigue siéndolo en medida aún no suficientemente determinada— un factor importante de cohesión para los respectivos grupos nacionales; el sistema educativo preocupa a todos los gobiernos, tanto de los países desarrollados como de los subdesarrollados; la educación ha sido, en épocas de cambios radicales, uno de los instrumentos más utilizados para la socialización política de las nuevas generaciones; la educación forma parte importante de todos los programas electorales de los partidos políticos, etc. La simple enumeración de estas proposiciones indica, creo, que las relaciones entre política y educación son, como decíamos, evidentes, pero también complejas. Son complejas porque el trasfondo de esas relaciones es el conflicto, el enfrentamiento de valores contrapuestos.

Las dos dimensiones de la política

Entramos con ello en uno de los grandes problemas de la política, no claramente resuelto, ligado a la ciencia política desde su nacimiento. A lo largo de dos mil quinientos años existe una dualidad que se manifiesta en la oposición inicial que representan el pensamiento clásico de PLATÓN y de ARISTÓTELES. Para PLATÓN la política es guía para la acción,

© Ediciones Morata, S. L.

y la virtud política, conocimiento: por eso, el filósofo rey debe ser el que gobierne, ya que, habiendo accedido a la virtud política (que le dice lo que debe hacer), es el más preparado para esta tarea. En cambio, para ARISTÓTELES la política es sólo la ciencia que nos describe y analiza los fenómenos políticos, los que simplemente son. Es decir, ya desde su nacimiento aparecen separadas la filosofía política y lo que después se llamará la ciencia política, si bien las consideraciones normativas predominarán durante varios siglos sobre la percepción puramente empírica de la política. El giro conceptual y metodológico se producirá con lo que varios autores han llamado la aparición de la primera modernidad, la que surge con el Renacimiento.

Es MAQUIAVELO quien va a dirigir la atención hacia la necesidad de primar la observación directa de la realidad, rehuyendo toda especulación filosófica. Recordemos que en el capítulo XV de *El Príncipe*, publicado en 1513, el florentino dice:

> "Siendo mi fin escribir una cosa útil para quien la comprende, he tenido por más conducente seguir la verdad real de la materia que los desvaríos de la imaginación en lo relativo a ella, porque muchos imaginaron repúblicas y principados que no se vieron ni existieron nunca. Hay tanta distancia entre saber cómo viven los hombres y saber cómo deberían vivir ellos que el que para gobernarlos abandona el estudio de lo que se hace para estudiar lo que sería más conveniente hacerse aprende más bien lo que debe obrar su ruina que lo que debe preservarle de ella".
>
> (MAQUIAVELO, 1973, pág. 76.)

Unos años más tarde, en 1576, BODIN escribe *Los seis libros de la República*, una obra hoy casi olvidada pero que en su época alcanzó tanta notoriedad como *El Príncipe*, debido a que en ella BODIN dio luz a algo que será revolucionario para la política durante varios siglos, el concepto de soberanía. Pero lo que a nosotros nos importa ahora es señalar que BODIN insiste en la misma vía para el conocimiento de la realidad política que MAQUIAVELO: "no queremos diseñar tampoco una república ideal, irrealizable, del estilo de las imaginadas por Platón y Tomás Moro, canciller de Inglaterra, sino que nos ceñiremos a las reglas políticas lo más posible" (BODIN, 1985, pág. 12).

Los análisis de MAQUIAVELO y de BODIN insisten, por tanto, en el carácter no filosófico, no especulativo, positivo se dirá más tarde, de los estudios políticos. La culminación de esta tendencia se encuentra en MONTESQUIEU que, en 1748, publica *Del espíritu de las leyes*, poniendo de relieve antes que nada el sentido objetivo y descriptivo de los fenómenos políticos. Este principio básico aparece inequívocamente en el Prefacio que MONTESQUIEU escribe para su obra:

"En primer lugar, he examinado a los hombres y me ha parecido que, en medio de la infinita diversidad de leyes y costumbres, no se comportaban solamente según su fantasía.

He asentado los principios y he comprobado que los casos particulares se ajustaban a ellos por sí mismos, que la historia de todas las naciones era consecuencia de esos principios y que cada ley particular estaba relacionada con otra ley o dependía de otra más general".

(MONTESQUIEU, 1985, pág. 3.)

MAQUIAVELO expuso el dilema entre la filosofía política (lo que en política *debe ser*) y la ciencia política positiva (lo que la política *es*). BODIN lo completó poniendo el acento en observar lo que las cosas son, no lo que deberían ser. MONTESQUIEU, finalmente, puso de relieve que los hombres se gobiernan por leyes, que son las que son, y no las que nos gustaría que fueran. Lógicamente, a esta antinomia no escapó tampoco la relación entre política y educación.

Sin embargo, aunque el pensamiento político haya oscilado entre estas dos tendencias, a veces han convivido ambas. El siglo de la Ilustración es buena prueba de ello, pues mientras MONTESQUIEU trató de atenerse a los hechos en el examen de la realidad política, ROUSSEAU volvió a la vieja tradición de la filosofía política, empeñándose en buscar cómo acceder al mejor régimen político posible (no otra finalidad tuvo *El contrato social*, publicada en 1762). Por otra parte, las palabras con las que introdujo su *Discurso sobre el origen y los fundamentos de la desigualdad entre los hombres* no dejan lugar a dudas: "Empecemos, pues, por apartar todos los hechos por cuanto no atañen en lo más mínimo a la cuestión" (ROUSSEAU, 1970, pág. 36).

Se ha dicho, con razón, que esta concepción rusoniana —el mundo del deber ser aplicado a la política— se constituyó en una guía normativa para la acción de la burguesía francesa revolucionaria. ROUSSEAU fue, en efecto, la base de la filosofía política de la burguesía radical, pero su aplicación a la realidad no fue satisfactoria. Del enfrentamiento entre la teoría rusoniana y la práctica revolucionaria resultó un experimento en que, como ha dicho Pedro DE VEGA, un pensamiento político se puso a prueba consigo mismo por vez primera en la historia europea: la *liberté*, la *egalité*, la *fraternité* quebraron y quedaron en entredicho cuando del mundo de los principios pasaron al de la realidad (1970, pág. 86). En términos freudianos, podríamos decir que los grandes principios no pudieron soportar su adecuación a otro más modesto, el principio de realidad. Quizá ello explique la dramática alternativa que se presentó a los jacobinos: para salvar la república de la libertad tuvieron que situarse en los antípodas introduciendo la dictadura comisaria y el despotismo de la libertad; al mismo tiempo que para salvar el reino de la igualdad terminaron imponiendo el terror y declarando obligatoria la virtud republicana. La experiencia del jacobinismo francés, y de las crisis sociales que en la Revolución se produjeron, puso de relieve que la filosofía política, al encarnarse en la realidad, mostraba excesivas limitaciones, facilitando así una nueva consideración: la actitud positivista ante los hechos. Era la vuelta a MONTESQUIEU.

En efecto, frente al pensamiento de ROUSSEAU: "yo busco la razón y el derecho y no discuto los hechos", el retorno a MONTESQUIEU: "aquí se dice lo que es y no lo que debe ser". Fue la aparición de la moderna ciencia política y la erradicación de la filosofía política de su seno. Nacía la sociología y, dentro de ella, la ciencia política. Esta joven ciencia se hará positiva, en contraste con la abstracción propia de la filosofía política: a los imperativos normativos del deber ser se oponen ahora las exigencias de la realidad. La ciencia política se hará empírica, reducida al análisis de los hechos políticos. Los conceptos apriorísticos, el sentido teleológico, las hipótesis deductivas, los valores ideológicos, todo ello será erradicado y considerado como acientífico. Fue el triunfo del positivismo, extensible a todo el siglo XIX y parte del XX.

La vuelta de los valores y la política educativa

No deja de ser paradójico, sin embargo, que fuera de Estados Unidos, país en el que arraigó con fuerza el estudio positivo de la realidad política, y donde a partir de 1945 se produce un fenómeno curioso: comenzó a surgir con fuerza un pensamiento crítico que volvió a poner sobre el tapete el problema de los valores, la necesidad de una nueva filosofía política, incluso de un posible maridaje entre la teoría política y la ciencia política, además de una condena del divorcio decimonónico entre los hechos y los valores en el estudio de la realidad política.

Surgía así lo que un famoso politólogo estadounidense denominó, en los albores de la década de los setenta, una "nueva revolución en la ciencia política", planteando problemas que hoy siguen manteniendo plena actualidad: necesidad de una teoría general de la política, su relación con la ciencia aplicada, el papel del politólogo en la sociedad y, lo que más nos interesa ahora, la relación entre los valores y la ciencia política. Aunque fue una reacción ante el hiperfactualismo, fruto del exceso positivista, se señalaba que el uso de refinadas técnicas de investigación para limitarse a la descripción y análisis de los hechos supone, en el fondo, una imposibilidad de comprender esos mismos

© Ediciones Morata, S. L.

hechos desde una concepción global. Más aún, sólo se podrá comprender plenamente la realidad si se es consciente de la existencia de valores que planean sobre la misma.

El problema de los valores en las ciencias sociales se resentía aún de un positivismo decimonónico que, como herencia del pasado, debía ser superado. La supuesta neutralidad científica pretendía ignorar que los valores existen, tanto objetiva como subjetivamente. No es posible en realidad prescindir de los valores en las ciencias sociales, no sólo a causa de que *existen* (lo que constituye un *hecho* del que no se puede dudar), sino también porque el propio científico los lleva, inevitablemente, consigo al desarrollar su tarea. Incluso, se llegó a decir entre nosotros que, a la vista de la complejidad de la realidad política y de su multidimensionalidad, había que dejar aflorar la "convicción de la imposibilidad de una ciencia no valorativa" (RAMÍREZ, 1971, pág. 18).

Aun cuando fuera posible una mayor asepsia en el tratamiento de los problemas políticos, resultaba obvio que podía haber una valoración larvada, lo que equivalía a decir que el politólogo se encuentra penetrado por los valores de su tiempo y del propio grupo social al que pertenece. Más todavía, puede resultar que, desde una supuesta neutralidad, el politólogo esté en realidad respaldando tácitamente los valores de la sociedad en la que vive, o apostando por unos valores frente a otros. Por eso, una de las primeras tareas del politólogo es la de poner en claro ante sí mismo los valores en los que está inmerso, como ciudadano y como científico social, a los que en realidad presta su asentimiento íntimo (es lo que Easton ha definido como una *autoclarificación moral*). No hay que buscar, pues, al científico social sin valores, sino saber de antemano los valores de los que parte, la posición en la que de *hecho* está.

Este cambio de dirección se manifestó también en el ámbito de la política educativa. Constituye un mérito, en mi opinión, que el politólogo australiano John J. PRUNTY hiciera especial hincapié no sólo en el análisis descriptivo, sino también en el análisis crítico de la realidad política de la educación. No importa ahora que este enfoque se efectuara desde una postura común o muy próxima a la de los *liberales* estadounidenses, anclada, por tanto, en el análisis de la realidad como medio o instrumento para la transformación de esa misma realidad, es decir, desde una posición que trata de trascender una política educativa que quede al margen de toda consideración valorativa.

> "Nosotros hemos indicado tempranamente que asumir una posición 'objetiva' y dejar sin cuestionar la moralidad de las relaciones educativas en la sociedad sirve para aprobar el *statu quo*, y que, como tal, ello constituye

un acto abiertamente político, aunque no visible. La petición de neutralidad encubre la dimensión política y priva a los intereses existentes de una discusión abierta en el campo político".

(PRUNTY, 1987, pág. 45, n. 3.)

Sirva, por tanto, esta breve incursión en los valores como elemento integrante de la política, que abarca no sólo el análisis empírico de la realidad, sino también, en nuestro caso, los valores que subyacen en las mismas políticas educativas, considerados como un hecho más que nos ayuda a comprender la compleja realidad política de la educación.

© Ediciones Morata, S. L.

CAPÍTULO II

El problema de los fines de la educación

Puede parecer una trivialidad que entre los grandes problemas de la política educativa actual coloquemos en primer lugar el de los fines de la educación. La trivialidad puede trocarse en perplejidad si advertimos desde el principio que nos encontramos ante un grave problema que exige contemplarlo en su pura historicidad, esto es, como un fenómeno que admite preguntas relevantes, en realidad las mismas en todas las épocas, pero, sin embargo, respuestas diferentes en cada momento histórico. Asomarnos a las distintas respuestas sobre los fines de la educación puede ayudarnos a reflexionar sobre los problemas de indefinición que campean sobre la educación en la sociedad del conocimiento. Como veremos, preguntarnos por los fines que debe cumplir hoy la educación no es un puro ejercicio retórico.

Las grandes respuestas

Comencemos por proponer una reflexión sobre una larga cita que corresponde a un autor plenamente consagrado:

> "En nuestra opinión, es de toda evidencia que la ley debe arreglar la educación, y que ésta debe ser pública. Pero [para ello] es muy esencial saber con precisión lo que debe ser esta educación, y el método que conviene seguir. En general, no están hoy todos conforme acerca de los objetos que debe abrazar; antes, por el contrario, están muy lejos de ponerse de acuerdo sobre lo que los jóvenes deben aprender [...]. Ni aún se sabe a qué debe darse la preferencia, si a la educación de la inteligencia o a la del

© Ediciones Morata, S. L.

corazón. El sistema actual de educación contribuye mucho a hacer difícil la cuestión. No se sabe, ni poco ni mucho, si la educación ha de dirigirse exclusivamente a las cosas de utilidad real [para la vida], o si debe hacerse de ella una escuela de virtud [ciudadana] [...]. Estos diferentes sistemas han tenido sus partidarios, y no hay aún nada que sea generalmente aceptado [...]".

Posiblemente, si se nos pidiera a cada uno de nosotros una opinión al respecto, seríamos muchos los que estaríamos de acuerdo en que su autor no hace sino exponer los problemas que presentan los fines de la educación, incluso aunque éstos sean considerados desde una perspectiva predominantemente abstracta, desligados de la necesaria e imprescindible contextualización histórica. Sin embargo, lo que este texto tiene de incertidumbre, de duda a la hora de pronunciarse sobre los fines de la educación, no es lo más significativo. Lo más significativo es que estamos ante un texto que tiene más de veinticinco siglos de historia. Su autor es ARISTÓTELES. Son palabras que aparecen en el primer capítulo del Libro Quinto de la *Política*, normalmente colocado por los autores como libro octavo (ARISTÓTELES, 1997, pág. 196).

La lectura de este viejo texto tiene, sin embargo, la virtualidad de recordarnos que la operación de fijar los fines de la educación fue, es y probablemente seguirá siendo una tarea compleja. La razón fundamental estriba en que la función de educar es, por su propia naturaleza, esencialmente problemática, es decir, conflictiva, y por ello necesariamente política (la política no es más que el medio civilizado que hemos inventado los seres humanos para dirimir pacíficamente los conflictos). Es conflictiva porque a la hora de asignar fines a la educación aparecen múltiples sujetos. Por supuesto, podemos zanjar la cuestión señalando que los fines de la educación los fijan en definitiva los gobiernos, o los parlamentos, o la Constitución. Pero ello no impide que sigamos haciéndonos preguntas: esos fines, determinados por los poderes públicos, ¿son los que desean los padres para sus hijos?, ¿son los que responden a las necesidades de las alumnas y de los alumnos?, ¿son los que consideran adecuados las profesoras y los profesores?, ¿son los que persiguen denodadamente los grupos de interés, confesionales o no?, ¿son los que consideran imprescindibles los empleadores? Es decir, basta proyectar muy someramente la sombra de los diversos actores que intervienen en el mundo de la educación para comprender que el problema de los fines es, cuando menos, espinoso. Y lo es por una razón que la pedagogía académica suele olvidar con frecuencia: sobre los fines de la educación gravitan intereses, valores, concepciones diferentes. De ahí que comenzáramos diciendo que hablar de los fines de la educación no es nunca un ejercicio retórico. La verdad es que estamos ante el tema central de la política educativa.

© Ediciones Morata, S. L.

Prosigamos por el momento con el pensamiento clásico. Años antes que ARISTÓTELES, PLATÓN escribió, como sabemos, *La República*, que, en el fondo, como se ha dicho más de una vez, es en realidad una reflexión acerca de las relaciones entre el Estado y la educación. Efectivamente, como algunos autores han destacado, *La República* no es sólo una reflexión sobre el mejor Estado posible, porque, aun partiendo de este supuesto, hay algo que domina esa reflexión, algo que reconduce siempre la meditación sobre el Estado a un *locus* específico, que es la educación. La educación es el tema principal de *La República*: "Es evidente que ello no es accidental, sino resultado lógico del punto de vista desde el cual se escribió el libro. Si la virtud es conocimiento, puede enseñarse, y el sistema educativo para enseñarla forma parte indispensable de un Estado bueno" (SABINE, 1965, pág. 55). Recordemos que en el Libro IV de *La República*, PLATÓN, refiriéndose a las políticas que mejoran los gobiernos, hace decir a SÓCRATES que todas las políticas convergen en un punto: "Interesa solamente observar un punto, el único importante, o más bien el único". A la pregunta de qué es lo único importante, la respuesta que sale de los labios del maestro es inequívoca y rotunda: "La educación de la juventud y de la infancia" (PLATÓN, 1975, pág. 127).

No pierde por ello PLATÓN el hilo de su reflexión, el hilo con el que teje su teoría del Estado. Siendo la educación, a la hora de construir el mejor Estado posible, lo único que importa, PLATÓN, en el Libro III de *La República*, presenta sin embargo diferentes modos de educar según se forme al guardián de la república —el filósofo rey, aquél a quien los dioses forjaron con oro—, al guerrero —en cuya composición el elemento fundamental fue la plata— o a los labradores y artesanos, elaborados con el hierro y el bronce. La metáfora que evoca los diferentes metales de que están hechos los hombres nos indica que PLATÓN elabora su teoría de la educación sobre la base de una diferenciación en grados de enseñanza, lo que explicita claramente en el Libro VII de *La República*: las diferentes clases del Estado exigen diferentes clases de educación. Que la educación sea lo único importante no significa que sea uniforme, común a todos los miembros del Estado. Primera complicación importante: la educación no es una, es diversa, y diversa según las diferentes clases del Estado platónico, a las que hay que educar de distinta manera. En realidad, cuando la sociedad liberal del siglo XIX impartía educación a sus ciudadanos de distinta manera —la instrucción elemental para las clases populares y la enseñanza secundaria y superior para las élites—, no estaba introduciendo ninguna novedad histórica.

Sin embargo, ya advertimos antes que la educación ha sido siempre objeto de múltiples enfoques. Ello explica que ARISTÓTELES, el mejor discípulo de PLATÓN, mantenga otra posición distinta: "Como el Estado todo sólo tiene un único y mismo fin; la educación debe ser necesariamente una e idéntica para todos sus miembros, de donde se sigue que la educación debe ser objeto de una vigilancia pública y no particular" (1997, págs. 195-196). Esto es, ARISTÓTELES se muestra partidario de una sola educación; más aún, "lo que es común debe aprenderse en común", dice ARISTÓTELES (pág. 196). Muchos siglos más tarde, en la Revolución Francesa, un político jacobino, LE PELETIER, dirá algo parecido cuando, en su famoso plan de instrucción pública, se dirija a la Convención solicitando una educación común a todos los ciudadanos desde los 5 hasta los 12 años de edad. Más aún, cuando, en nuestros días, el Estado de bienestar introduce la escuela comprensiva, y con ella la transmisión de una educación común para todos los ciudadanos, tampoco está descubriendo nada. En realidad, aplicamos ideas que tienen muchos siglos de historia.

Pero PLATÓN y ARISTÓTELES, el maestro y el genial discípulo que tanto discrepó de su mentor, tuvieron también grandes coincidencias. En relación con la pregunta principal, ¿quién define la educación?, la contestación de ambos fue la misma. La respuesta de PLATÓN es taxativa: la *polis*, es decir, el Estado. Varios años después, ARISTÓTELES, retomando la pregunta, comienza el libro V de la *Política* con unas palabras inequívocas: la educación es una cuestión pública que debe ser regulada por el Estado.

Hasta aquí el pensamiento clásico, brevemente expuesto, que podríamos resumir, o concretar, en dos breves y sencillas conclusiones que, sin embargo, encierran una gran trascendencia práctica. *Primera*, que la educación es, según el pensamiento griego, lo más importante desde el punto de vista de la *polis*. *Segunda* conclusión: que si bien la educación es muy importante, precisamente por ello es también esencialmente problemática.

Los fines de la educación en nuestro legado cultural

Nuestra cultura ha pasado por múltiples vicisitudes desde entonces, pero si la historia de estos veinticinco siglos nos ha enseñado algo ha sido precisamente la problemática de los fines de la educación. La sociedad occidental ha sido siempre consciente, en mayor o menor grado, de la necesidad de educar a la infancia y a la juventud, aunque no siempre haya respondido de igual manera a las mismas preguntas.

El problema de los fines, por otra parte, está íntimamente entrelazado con otra cuestión: ¿para qué se educa? Pregunta sempiterna que admite también múltiples respuestas. Una de ellas es que las sociedades necesitan, para su preservación, que la generación adulta transmita su propia herencia cultural a los que habrán de sustituirla, haciendo posible de este modo la integración de las nuevas generaciones en la sociedad y en el sistema político que la gobierna (procesos ambos de socialización que confluyen en las instituciones educativas). Hay otra respuesta, no menos importante: se educa para conseguir el desarrollo de la persona, ayudando al individuo a conseguir su plena autonomía. Esta última respuesta, sin embargo, no deja de ser ambigua: nos puede conducir tanto a las teorías individualistas, incluso a las más extremas, aquellas que bordean el individualismo antisocial o asocial, como a teorías de signo opuesto que ven en la educación del individuo un factor de liberación personal y, al mismo tiempo, de emancipación social y de transformación política, aspectos que no deben ser considerados aisladamente, sino entrelazados y comunicados entre sí.

Las repuestas, por tanto, han variado a lo largo de nuestra historia cultural. Así, los griegos definieron los fines de la educación plasmándolos en la *paideia*, concepto que, como puso de relieve JAEGER, tuvo como marco histórico singular esa entidad irrepetible que los griegos llamaron *polis*. La *paideia* implicaba un ideal omnicomprensivo: la formación intelectual —la instrucción volcada hacia los saberes clásicos— y la formación moral —la educación—, aunque, como sabemos, era un concepto limitado sólo a una clase de hombres, los ciudadanos de la *polis* (recordemos que quedaban excluidos de la ciudadanía las mujeres, los esclavos y los metecos o extranjeros residentes).

En Roma, la pregunta es contestada apelando a la *humanitas*. Los romanos, herederos de la cultura griega, conservarán un alto concepto de la *paideia*, pero, junto a los saberes clásicos, acentuarán algo que los griegos subordinaban a éstos: los saberes prácticos. El genio pragmático de los romanos dará ahora un vuelco a esta jerarquía de saberes, primando los saberes prácticos sobre los clásicos. La verdad es que la *paideia* griega y la *humanitas* romana se complementan mutuamente.

Destruido el mundo romano, la Iglesia se convierte en el único recinto en el que por mucho tiempo tendrán albergue los saberes. Pero ahora la respuesta sobre los fines adquiere una modalidad propia. Las escuelas monacales, primero, las conventuales, después —origen éstas de las primeras universidades—, se propondrán como fin fundamental de la educación la formación de buenos cristianos (durante varios siglos sólo unos pocos, principalmente clérigos o llamados a serlo, podrán acceder a las Universidades). El Renacimiento, con el redescubrimiento del sujeto, con la reaparición de los saberes clásicos y con el surgimiento de la ciencia experimental dará lugar a esa nueva categoría que denominamos la primera modernidad, y, con ello, a un ideal educativo cifrado en la formación humanista, aunque muy centrado todavía en la figura del hombre de la corte. Finalmente, la Revolución francesa supondrá un giro radical en el mundo de la educación. Como sabemos, fruto de ese cambio será la aparición de los sistemas educativos públicos cuyo ideal formativo será la educación del ciudadano. Podría decirse que seguimos en esa onda, aunque formar ciudadanos requiera hoy respuestas más complejas.

Como puede observarse, las preguntas fundamentales sobre los fines de la educación han producido respuestas diferentes, dando lugar a un verdadero rompecabezas en el que puede apreciarse la existencia de distintas tendencias históricas y de diversas concepciones. Lo que ahora nos interesa retener, sin embargo, es que todas esas respuestas no fueron neutras en ningún momento histórico: todas ellas aparecen ligadas a los intereses de los diferentes grupos políticos que dirigieron la sociedad, a los valores que esos grupos representaron y a las teorías que los respaldaron, es decir, estuvieron en conexión con diferentes ideologías. Ello equivale a decir que resulta inevitable tener en cuenta las ideologías a la hora de hablar de los fines de la educación.

Por otra parte, resulta que, aun componiendo todas estas respuestas un entramado muy diverso, hay algo que las une, y ese algo es el conflicto. Conflicto de intereses, de valores, de concepciones, de ideologías en suma, cuya solución pacífica es precisamente el objeto de la política. Por tratarse de conflictos que buscan sin dilación algún tipo de solución, por tratarse de conflictos que nacen de la existencia en la educación de enfoques diferentes, derivados del carácter simultáneamente publico y privado de la misma, es por lo que resulta necesario atender a soluciones que trascienden el ámbito de lo privado, aunque éste deba ser rigurosamente respetado, encarnándose en el espacio de lo público —que no se identifica necesariamente con lo estatal—, por lo que, en última instancia, este problema ha de resolverse necesariamente en el marco de la política educativa.

Los fines de la educación en el contexto actual

A finales de los años sesenta del siglo xx la educación formal se quiebra profundamente, los sistemas educativos entran en crisis (PUELLES, 2004, págs. 297–311). Esta crisis, no es sólo interna, sino también y fundamentalmente, externa, reflejo de un proceso de transformación social, cultural y económica en las sociedades occidentales más avanzadas. Fruto de esa crisis fue la aparición de tendencias volcadas hacia la contestación escolar —la más radical pedía la sustitución de la escuela por otros modos de educación—, así como de un movimiento general que trató de resolver los nuevos problemas con políticas de reforma escolar. Como sabemos, la educación formal no desapareció, pero tampoco las reformas produjeron los resultados que se esperaban (incluso se planteó seriamente el problema de la gobernabilidad de los sistemas educativos). El proceso de transformación del mundo en el último tercio del siglo pasado ha sido tan profundo, tan acelerado que, como no podía ser de otro modo, ha afectado a los sistemas educativos hasta extremos desconocidos hasta el momento. Por ello, se ha podido decir, con bastante razón, que la crisis "no proviene de la deficiente forma en que la educación cumple con los objetivos sociales que tiene asignados, sino que, más grave aún, no sabemos qué finalidades debe cumplir" (TEDESCO, 1995, pág. 16). El problema se plantea porque estamos asistiendo al nacimiento de nuevas formas de producción económica como consecuencia de la revolución tecnológica y de la información, cuyos efectos alcanzan a continentes enteros, con extraordinarias repercusiones sociales, culturales y políticas. Es lo que conocemos como el fenómeno de la globalización.

En este libro veremos que la sociedad global, llamada también de la información o informacional, se caracteriza fundamentalmente porque, frente a la economía tradicional que se basaba en la relación entre capital y trabajo, lo sustancial ahora es el conocimiento, su producción y su distribución, como eje de la nueva sociedad. Más aún:

> "Lo que caracteriza a la revolución tecnológica actual no es el carácter central del conocimiento y la información, sino la aplicación de ese conocimiento e información a aparatos de generación de conocimiento y procesamiento de la información/comunicación, en un círculo de retroalimentación acumulativo entre la innovación y sus usos. [...] Por primera vez en la historia, la mente humana es una fuerza productiva directa, no sólo un elemento decisivo del sistema de producción".
>
> (CASTELLS, 2000, pág. 62.)

De lo expuesto parece deducirse que el destino de las personas estará en función del acceso al conocimiento, tanto más cuanto más cualificado sea, lo que significa que la educación se convertirá, si no lo es ya, en el eje central de la nueva sociedad que está dando sus primeros pasos. Pero no por ello la educación dejará de ser conflictiva porque, como afirma TEDESCO, la pugna por apropiarse de los lugares donde se produce y se distribuye el conocimiento socialmente más significativo constituirá el foco principal de los conflictos sociales del futuro. Esto significa que los educadores, los científicos, los intelectuales y todos aquellos que se encuentran involucrados en la producción y distribución del conocimiento desempeñarán un papel muy importante, tanto en la generación de conflictos como en su solución.

Las preguntas, por tanto, siguen en pie. ¿Qué fines asignaremos a la educación en la sociedad del conocimiento, en una sociedad que tiene

© Ediciones Morata, S. L.

como uno de sus rasgos esenciales un vertiginoso ritmo del cambio? ¿Cómo distribuiremos el conocimiento de modo que no produzca una desigualdad mayor aún que la actual? ¿Qué debe transmitirse en un mundo donde el conocimiento de hoy resulta obsoleto mañana? Probablemente no ha habido ninguna otra época en la historia en que la definición de los fines de la educación resulte más difícil y, al mismo tiempo, más urgente.

Posiblemente, nunca fue más apremiante la vieja máxima de que la escuela "debe educar para la vida", y, sin embargo, los sistemas educativos siguen reproduciendo los viejos modos de transmisión de la cultura "académica", con unos contenidos ajenos a las preocupaciones reales de los educandos, contenidos que se adquieren por imposición legal —hay que aprobar los tradicionales exámenes—, para olvidarlos inmediatamente después. Quizá no haya otro camino que el del aprendizaje relevante, es decir, un aprendizaje que parta de la cultura propia del educando, una cultura que no sólo se caracteriza, como en el pasado, por una serie de experiencias personales y familiares, sino que integra también la transmitida por los medios de comunicación, especialmente la televisión, dotada de un poder extraordinario, y por la red de Internet. Se ha dicho que todo aprendizaje relevante "es en el fondo un proceso de diálogo con la realidad social y natural o con la realidad imaginada" (PÉREZ, 2002, pág. 32). Es decir, el contenido de ese aprendizaje no puede ser hoy más que un conocimiento básico sobre el hombre mismo —las famosas humanidades—, sobre sus relaciones con su entorno natural —las ciencias de la naturaleza— y sobre sus relaciones con los demás hombres —las ciencias sociales—, dentro de un marco formativo que propicie la adquisición de la autonomía crítica de la personalidad. Cómo reconstruir de este modo la cultura experiencial de los alumnos, que les permita interpretar un mundo cambiante, es probablemente uno de los grandes retos de nuestro tiempo.

En definitiva, se trata de que la escuela ofrezca al sujeto de la educación los imprescindibles marcos de referencia, las pautas que le permitan entender el mundo actual. Esos marcos de referencia son básicamente dos: uno de carácter cognitivo y otro de carácter cultural. El primero se identifica con lo que desde el Informe DELORS de 1997, *La educación encierra un tesoro*, constituye uno de los pilares de la educación: aprender a aprender (que no es sino lo que HUMBOLDT, hace prácticamente dos siglos, consideraba el núcleo matriz de la formación general); el segundo constituye el otro pilar de la educación: aprender a vivir juntos.

Aprender a aprender "implica un esfuerzo de reflexión sobre las propias experiencias de aprendizaje que no pueden desarrollarse sin un guía" (TEDESCO, 2001, pág. 97). El profesor se convierte en ese guía que orienta, anima y facilita el aprendizaje, lo que equivale a decir que este tipo de aprendizaje sólo puede obtenerse mediante una educación organizada. Aprender a vivir juntos "implica vivir experiencias de contacto con el diferente, experiencias de solidaridad, de respeto, de responsabilidad con respecto al otro" (ib.). También aquí esta experiencia sólo puede ser suministrada mediante la convivencia en el aula.

Aprender a vivir juntos en la escuela es una forma de hacer efectiva una de las principales misiones de la educación en una sociedad democrática: formar ciudadanos. La democracia representativa presenta hoy grandes lagunas que abren cada vez más la brecha entre gobernantes y gobernados. Por eso la democracia tiene que ser, también, deliberativa.

La democracia es algo más que un procedimiento para asegurar el relevo de los gobernantes, con ser esto muy importante. La democracia supone la presencia de los ciudadanos en la vida pública: los representantes no tienen patente de corso para decidir por sí solos los problemas sustanciales de la vida pública. Es necesario que cuenten también con la voluntad de los representados: éste es el significado de la democracia deliberativa.

> "La democracia deliberativa pone de manifiesto la importancia de la educación pública para desarrollar la capacidad de deliberar en los niños, como futuros ciudadanos libres e iguales. En una democracia representativa, la manera más justificable de alcanzar decisiones colectivas —incluyendo la decisión de no deliberar con respecto a algunos temas— es la decisión deliberativa, donde los que deciden son responsables frente a quienes resultan más afectados por sus resoluciones. Un objetivo básico de la educación primaria obligatoria es, por tanto, promover las capacidades y valores propios de la deliberación".
>
> (GUTTMAN, 2001, pág. 15.)

Pero la voluntad de estar presentes, de participar en las deliberaciones sobre la cosa pública, no se improvisa: se alcanza mediante la educación. Sólo entonces podremos decir que la escuela cumple con su misión de formación de ciudadanos: "La predisposición a deliberar acerca de asuntos de interés mutuo distingue a los ciudadanos democráticos de los individualistas, quienes argumentarán sólo en defensa de sus propios intereses, y de los ciudadanos indiferentes, sujetos pasivos que evitarán enfrentarse a la autoridad política" (ib.).

La escuela es el crisol donde niñas y niños aprenden a vivir juntos en la diversidad y en la tolerancia. Aprenden a deliberar sobre los problemas comunes que les afectan y aprenden a participar en los asuntos de la vida de la escuela. Por eso, uno de los objetivos de esa formación general que ha de suministrarse a todos los futuros ciudadanos será, en expresión de GUTTMAN, la de promover las capacidades y valores propios de la deliberación.

© Ediciones Morata, S. L.

CAPÍTULO III

Problemas de las políticas educativas de libertad

La complejidad que la educación presenta sólo se aprecia en su justa medida a la luz de las razones históricas que explican este fenómeno social. A lo largo de los dos últimos siglos, la educación se ha configurado como un derecho de la persona a aprender y de los individuos y grupos sociales a enseñar, pero también se ha convertido en una institución social de marcado carácter público: la educación interesa al individuo, es cierto, pero también a la familia, a las confesiones religiosas, a los grupos sociales organizados, a los medios de comunicación, a la sociedad y al Estado. Es esta pluralidad de sujetos y de intereses lo que convierte la educación en un asunto complejo, público y privado a la vez, cuya delimitación no siempre es fácil. Es esta complejidad la que tenemos que tener en cuenta a la hora de examinar las relaciones entre libertad y educación.

El nuevo pórtico: La doble esfera de los derechos de libertad e igualdad

La gestación del Estado moderno, —que comienza en el Renacimiento y culmina en la Revolución francesa—, supuso un proceso creciente de centralización del poder. El ejército, la burocracia, la justicia, la hacienda, etc., fueron cayendo paulatinamente en manos del Estado, encarnado en la figura del Príncipe. Pero si es cierto que asistimos a un proceso de incremento del poder del Estado, que se manifiesta en la

© Ediciones Morata, S. L.

transformación de una monarquía autoritaria en un poder de carácter absoluto, no lo es menos que paralelamente surge también una tendencia que lucha por contrarrestar la acumulación del poder en la persona del Príncipe. Esa tendencia se desarrolla plenamente en la Ilustración europea durante el siglo XVIII, y ocupa un lugar importante en la larga lucha por moralizar el Estado y por crear áreas de libertad frente al Leviatán. El paso definitivo lo dio la Revolución francesa de 1789 alumbrando el liberalismo político.

La nueva forma de Estado que dio a luz la Gran Revolución se va a caracterizar por dos rasgos fundamentales: *de una parte*, será un Estado en cuyo seno se proclamen unas libertades que el poder público debe respetar; al mismo tiempo que, *como otra cara de la moneda*, se afirmen unos derechos cuyo pleno ejercicio el Estado debe garantizar; *de otra parte*, el aparato del Estado se constituye de tal manera que sea el mismo poder quien frene al poder, es decir, se implanta en todos los países influidos por la Revolución la división del poder del Estado en los tres poderes clásicos (ejecutivo, legislativo y judicial). Las libertades públicas y los derechos que las respaldan, de un lado, y la división de poderes, de otro, marcan la singularidad del liberalismo político que triunfa en 1789.

El instrumento jurídico que se utilizó para hacer efectiva esta revolución fue la Constitución, norma suprema que va a regular, a partir de entonces, la vida del Estado liberal y que constará en el futuro de dos partes claramente definidas: una, la llamada parte dogmática, referida a la declaración de derechos y libertades, y otra, denominada parte orgánica, relativa a la división de los poderes del Estado.

Así pues, el Estado liberal se constituye para la defensa de unas libertades y de unos derechos. En primer lugar, las libertades civiles. Apoyadas en los llamados derechos de libertad o de defensa, basados en la tradición de derecho natural de la Ilustración, son libertades que se afirman frente al Estado y que defienden esa esfera del individuo en la que los poderes públicos no deben penetrar. Estamos así ante un haz de derechos que exigen del Estado una abstención, un no hacer, a fin de que el individuo pueda ejercer unas determinadas libertades que, de acuerdo con el de derecho natural triunfante, se basan en derechos innatos, anteriores y superiores al Estado; más aún, son derechos para cuya protección nace la sociedad política. En definitiva, son derechos que constituyen el soporte de las llamadas libertades cívicas o civiles: libertad de expresión del pensamiento, libertad de conciencia, libertad de culto, libertad de reunión, libertad de elección del trabajo, libertad de comercio basada en la propiedad y en la libre competencia, así como un conjunto de libertades individuales que constituyen el *habeas corpus* (no poder ser arrestado, ni detenido, ni maltratado por la voluntad arbitraria del poder). Las libertades civiles, y los derechos que las hacen posible, recibirán en la literatura política el nombre de libertades negativas, precisamente porque son derechos del individuo que exigen del Estado una conducta caracterizada por la inhibición: no hacer, no intervenir; una conducta estatal que los anglosajones, con la fuerza sintética de su idioma, caracterizaron con dos palabras: "*manos fuera*". En efecto, los derechos civiles exigen que, gráficamente, el Estado no ponga la mano en ellas, de forma que se desarrollen y ejerzan sin que ninguna autoridad pública se inmiscuya en ese terreno.

Al lado de las libertades civiles, la Revolución francesa traerá también la libertad política, que agrupa unos derechos que tienen su fundamentación en la consideración del individuo como sujeto político, como ciudadano que participa del poder. Son los llamados derechos políticos, de los que nos ocuparemos en su momento. Ahora bien, sí interesa deslindarlos claramente: libertades civiles y libertades políticas se refieren a dos campos distintos de la personalidad humana. Es lo que Burdeau, en su famoso *Traité de Science Politique* (1953), denominó la doble esfera de la autonomía y de la participación o, también, la libertad-autonomía y la libertad-participación. El grupo de derechos que se adscribe a la primera esfera trata de garantizar aquella parte de la personalidad que se considera independiente de la autoridad de la comunidad política y, por tanto, configurada como una parcela libre de injerencias estatales (el ejemplo típico lo constituye la libertad de conciencia, reducto último de la privacidad, pero también se encuentran en esta esfera la libertad de expresión, la de prensa, la de cátedra, etc.). En torno a la segunda esfera se agrupan varios derechos que afectan a esa parte del ser humano que revela su condición de "animal político" (el ejemplo clásico viene dado por el derecho al sufragio, pero también debe inscribirse aquí la libertad de reunión y la de asociación, esta última sobrevenida posteriormente); por tanto, estamos aquí ante una esfera de derechos que garantizan la participación del ciudadano en la vida pública y, consecuentemente, el control de los gobernantes por los gobernados.

A comienzos del siglo XX, aparecerá una tercera categoría de derechos que lleva consigo una profunda transformación del Estado: los llamados derechos sociales. Surgen, como veremos, con la Constitución mexicana, la de Querétaro de 1917, y se extienden después de la Segunda Guerra Mundial a todas las constituciones democráticas. Los derechos sociales, a diferencia de los derechos civiles que se agrupan en torno a la libertad-autonomía, no exigen del Estado un no hacer, un respetar, sino que solicitan del poder público todo lo contrario, una conducta positiva. Por otra parte, a diferencia de los derechos civiles, que

© Ediciones Morata, S. L.

tienen su raíz en el principio de libertad, los derechos sociales, como veremos, tienen su fuente en el principio de igualdad (el otro elemento de la tríada, los derechos políticos, tiene su base tanto en el principio de libertad —la libertad política— como en el de igualdad —la participación democrática—).

Este breve recorrido por la historia de dos siglos nos debe servir para observar cómo los procesos de libertad y de igualdad han recorrido un largo camino, camino que comienza con los derechos de defensa frente al Estado (o derechos de libertad) y termina, por ahora, con los derechos sociales o prestacionales. Ahora bien, hasta la llegada del neoliberalismo en las últimas décadas del siglo XX, las libertades públicas —fueran civiles o políticas— y los derechos sociales tendieron a converger. La razón estriba en que para la conciencia del mundo occidental, después de la terrible experiencia de los fascismos y los comunismos, la consolidación de la libertad se convirtió en un fin del Estado, al que en consecuencia no se le exigirá sólo un no hacer, sino que también se le pedirá simultáneamente un hacer, a fin de que la libertad no perezca (y, asimismo, la igualdad quede salvaguardada). Ello quiere decir que las fronteras entre derecho-autonomía, derecho-participación y derecho-prestación se difuminaron, ya que todos ellos exigen una determinada conducta del Estado, sea del signo que fuera. En definitiva, con este precioso conjunto de libertades y derechos públicos se trataba de garantizar el papel central del ciudadano en el sistema político, con un triple objetivo:

a) Respetar la esfera privada del ciudadano, considerada siempre como un ámbito de inmunidad frente al Estado. Los derechos de defensa, núcleo esencial de la llamada libertad negativa, son políticamente legítimos porque protegen la necesaria autonomía del ciudadano como sujeto privado.

b) Erigir al ciudadano en sujeto de la vida pública y no en objeto de la misma, mediante el reconocimiento de su participación en la formación de la voluntad política del Estado y de todas las instituciones públicas relevantes. Los derechos en los que tiene su soporte la libertad política están llamados a hacer posible la participación del ciudadano como sujeto activo de la vida pública, fundamentalmente el derecho al sufragio, el derecho de reunión y el derecho de asociación.

c) Organizar un sistema de prestaciones del Estado que haga posible un mínimo de igualdad, sin cuya realización no es posible la cohesión social ni, en última instancia, la misma libertad. Los derechos sociales nacen, precisamente, para asegurar el míni-

© Ediciones Morata, S. L.

mo de igualdad necesario para la estabilidad política y para el disfrute pacífico de los derechos civiles y políticos.

Como veremos en su momento, el neoliberalismo, triunfante en la década de los años ochenta del siglo que acabamos de cerrar, ha incidido en este triple haz de libertades y derechos. Ahora, sin embargo, nos interesa detenernos en las específicas relaciones de la libertad con la educación, lo que supone entrar en el complejo problema de la libertad de enseñanza.

La libertad de enseñanza como libertad de creación de centros docentes

Lo primero que debemos de afirmar es que no cabe hablar en sentido estricto de libertad de enseñanza sino de libertades en la enseñanza (EMBID IRUJO, 1983). Ello es así porque de la libertad de enseñar se ha derivado históricamente tanto la libertad de crear un establecimiento privado —para enseñar en él— como la libertad de transmitir conocimientos sin que el Estado imponga su verdad oficial. Ambos tipos de libertades se configuran desde su nacimiento como derechos de libertad o de defensa, en la terminología ya indicada. Forman parte, pues, de la llamada libertad negativa. Ahora bien, en la actualidad el concepto abarca no sólo la libertad de creación de establecimientos docentes por parte de la iniciativa individual o social, así como la libertad de cátedra por parte del profesor, sino también la libertad de los padres para elegir el centro docente (lo que asimismo incluye la libertad de elegir la formación religiosa para sus hijos).

El sistema de instrucción pública preconizado por la Revolución francesa llevaba consigo una fuerza expansiva tal que conduciría a muchos Estados al monopolio de la enseñanza. Francia dio el primer paso con Napoleón creando en 1806 la Universidad imperial, única entidad legalmente capacitada para impartir la enseñanza y a la que las diversas clases de educación estaban sujetas.

Frente a esta pretensión de monopolio se alzó la Iglesia, institución que lo había detentado prácticamente en los siglos anteriores. Recuérdese que, entre "los siglos VI y XI, la Iglesia había conseguido, de hecho, el monopolio de la enseñanza. Hasta finales del medioevo no se permite a ningún laico estudiar en [la Universidad de] Oxford o en Cambridge, y la Iglesia católica ejerció un atento control de todo el sistema educativo hasta la mitad del siglo XVIII aproximadamente" (CIPOLLA, 1970, pág. 47). Es ahora, ante la nueva situación que produce la Gran

Revolución, cuando surge con fuerza la doctrina de la subsidiariedad: la educación es un derecho de la familia y de la sociedad que sólo en su defecto debe proporcionarla el Estado. Pero también, y sin conexión alguna con la Iglesia (más bien enfrentados a ella), aparecen otros grupos sociales, más o menos minoritarios, para los que el derecho a educar no debía incardinarse en el Estado (tampoco en las diversas Iglesias) por el peligro de adoctrinamiento que ello podía suponer. Fruto de todo este proceso, la educación se configura en la Europa del siglo XIX como un derecho de libertad frente al Estado, o, en otros términos, como un derecho a la libertad de enseñanza. Este proceso, como ha señalado EMBID IRUJO en una obra ya clásica, llegará hasta nuestros días recorriendo diversas fases: "esta libertad polémica, surgida con dificultad, ha alcanzado un desarrollo que resulta, sin ninguna duda, paradójico. De libertad negada, de libertad tolerada, se ha pasado a una libertad subvencionada" (1983, pág. 24).

Ahora bien, en este largo proceso no todos entenderán del mismo modo la libertad de enseñanza. Para buena parte de la sociedad, la libertad de enseñanza suponía el derecho a fundar y dirigir establecimientos privados dedicados a enseñar, pero, para otra parte no menos importante, la libertad de enseñanza se refería al derecho del profesor universitario a enseñar sin tener que acomodarse a las instrucciones del Estado o de la Iglesia. Esta ambivalencia del concepto explica la paradójica situación de la Europa del siglo XIX: la izquierda europea será una ardiente defensora de la libertad de enseñanza —entendida como libertad de cátedra—, mientras que rechaza con hostilidad toda pretensión de establecer una libertad —la libertad de creación de centros privados— desde la cual se combate infatigablemente al nuevo régimen liberal y a la libertad política que constituye su soporte. Por el contrario, la derecha europea hará de la libertad de enseñanza —en su acepción de libertad de crear y dirigir centros privados— un bastión de su actividad; al mismo tiempo que no aceptará la libertad de cátedra como parte inseparable de la libertad de enseñanza por considerarla una pretensión perniciosa e inadmisible.

Tampoco la libertad de fundación de centros privados encierra en sí modelos unívocos. Así, por ejemplo, la libertad de creación de centros privados será defendida en España durante la Restauración por una pequeña parte de la burguesía ilustrada como medio para hacer frente al Estado cuasi confesional de la Constitución de 1876 y a su actitud intervencionista en la educación. De este uso de un derecho de libertad nacerá la *Institución Libre de Enseñanza*, cuya aportación a la educación española nadie puede dudar hoy. Otro ejemplo significativo lo constituye Italia al filo de la unidad nacional. Antes de esa fecha, la escuela

© Ediciones Morata, S. L.

privada, surgida al amparo de la libertad de enseñanza, es una escuela laica, pedagógicamente muy avanzada; después de esa fecha, la escuela privada se hace confesional. La explicación la suministra el estudio histórico del período: la escuela privada y laica es una reacción frente a la escuela estatal, que es prácticamente confesional en los distintos Estados italianos anteriores a la unidad (la debilidad interna de estos Estados les impulsaba a apoyarse en la Iglesia para mantenerse, siendo su precio la enseñanza confesional); después de la unificación nacional, en 1861, el Estado italiano hace del laicismo un principio fundamental de la escuela pública, lo que explica que la Iglesia busque refugio en la escuela privada confesional y desde allí prosiga su labor antiliberal.

No obstante, pertenecía a la esencia del Estado liberal el reconocimiento de los derechos de libertad. De ahí que paulatinamente se fuera aceptando y reconociendo la educación como un derecho de libertad o de defensa frente al Estado, aunque las implicaciones ideológicas de la libertad de enseñanza retrasen ese reconocimiento. Francia ilustra bien este proceso: en 1833 se promulga la ley Guizot que ampara el derecho a crear centros privados en el nivel de enseñanza primaria; en 1850 la ley Falloux garantiza la libertad de enseñanza en el nivel secundario; en 1875 y en 1919, respectivamente, se reconoce la libertad de creación en los niveles de enseñanza universitaria y educación superior técnica. En los demás países, el reconocimiento legal se produce prácticamente en el mismo período.

El reconocimiento constitucional de la libertad de creación de centros privados es, en cambio, más tardío. Es cierto que hay países como Bélgica que reconocen la libertad de enseñanza muy tempranamente (Constitución de 1831), pero, en general, el espaldarazo constitucional se produce alrededor del último tercio del siglo XIX, tal como ocurre, por ejemplo, en Austria con la Constitución de 1867 o en España mediante la Constitución de 1869. En cambio, hay países como Alemania donde ni siquiera la Constitución de Weimar de la Primera Posguerra Mundial recoge la libertad de enseñanza, siendo preciso esperar a la Ley Fundamental de Bonn de 1949, Constitución que consagra la República Federal Alemana, para que este derecho de libertad fuera amparado por el texto constitucional. Finalmente, hay países de reconocimiento sumamente tardío como Francia, donde incluso no se encuentra recogida en la Constitución de 1959, operándose su consagración constitucional gracias a una decisión del Consejo de Estado que, amparándose en la remisión de la Constitución a los principios básicos de la República, reconoció este derecho como uno de los principios que inspiró la legislación republicana.

© Ediciones Morata, S. L.

La libertad de enseñanza entendida como derecho a la libre creación de centros privados ha terminado por ser reconocida en todos los países de la Europa occidental. Ahora bien, fruto de la peculiar evolución histórica de cada uno, la situación de la enseñanza privada en la Europa actual no deja de ser diversa: prácticamente inexistente en los países nórdicos, de relativa importancia en países como Alemania, Italia o Francia, y con peso específico en naciones como Bélgica, Holanda o España. En cualquier caso, su importancia global en el conjunto del sistema educativo ha decrecido de un modo importante, como fruto de su reconocimiento. Ello explica que, a finales del siglo XIX, las demandas de la iniciativa privada no se planteen ya como una solicitud de reconocimiento de un derecho de libertad o de defensa, sino también como reclamación de ayudas o subvenciones del Estado para poder existir. Estas demandas encontraron eco en algunos países como Holanda, donde a partir de 1889 la enseñanza primaria comenzó a recibir subvenciones del Estado. En la actualidad, todos los países ayudan, en mayor o menor grado, a la enseñanza privada, si bien no todos la ayudan de la misma manera ni la naturaleza jurídica de estas prestaciones tienen un significado unívoco.

Los defensores de la financiación pública de la enseñanza privada consideran que esta ayuda es el reverso de la libertad de creación de centros de enseñanza: dado el coste creciente de la educación, sólo será posible crear y mantener centros privados con la ayuda de los poderes públicos. Por otra parte, consideran que el derecho a la elección de centro docente, que todas las legislaciones reconocen de un modo u otro como un derecho de los padres, no podría ser efectivamente ejercido si su realización dependiera de los recursos económicos que tuvieran o no los titulares de ese derecho.

Los que rechazan la financiación pública de la enseñanza privada consideran, sin embargo, que la obligación del Estado de suministrar educación debe hacerse efectiva a través de la red pública de centros. Por tanto, aportar fondos públicos a la escuela privada significa detraer o disminuir los recursos financieros de la escuela pública, escuela que por su neutralidad ideológica y por estar abierta a todos se encontraría en las mejores condiciones para ofrecer una enseñanza de calidad y para realizar la educación del ciudadano, siempre que todos los fondos públicos se canalizaran hacia ella. Ello no significa que, en general, los que rechazan la financiación pública de la escuela privada rechacen también la libertad de enseñanza. Simplemente, estiman que este derecho de libertad debe ser costeado por quienes lo ejercen, sin que quepa alegar que el derecho de elección de centro debe tener un contenido económico, ya que dicha alegación, llevada a sus extremos, supondría tener que financiar el derecho de elección de todos y cada uno de los ciudadanos, lo que implicaría la quiebra financiera del Estado.

El problema está planteado en todos los países europeos. Ahora bien, la práctica totalidad de estos países carecen de un mandato constitucional que obligue al Estado a financiar la enseñanza privada. Una notable excepción viene dada por la Constitución española de 1978 cuyo artículo 27.9 establece que los poderes públicos ayudarán a los centros privados en los términos previstos por la ley, precepto que nuestra jurisprudencia constitucional ha entendido como un auténtico mandato que obliga a financiar la enseñanza privada, si bien de esta obligación no se deriva un derecho a la subvención de todos los centros privados, sino sólo de aquellos que reúnan las condiciones que señale una norma con rango de ley.

Hasta el momento, los tribunales constitucionales europeos no han consagrado la teoría que considera la subvención como un derecho exigible, aunque parte de la doctrina internacional así lo reclama. En cambio, se acepta comúnmente la necesidad de ayudar a la escuela privada para evitar su desaparición e impedir el peligro del monopolio estatal. Incluso en países como Italia, cuya constitución acepta la libertad de creación de centros privados "sin coste para el Estado", se financian determinadas escuelas privadas. La necesidad de preservar el pluralismo escolar explica también que en Francia, país tradicionalmente hostil a la enseñanza privada, se promulgara la Ley Debré en 1959, arbitrando diversos procedimientos de ayuda a la escuela privada. De este modo, con la ayuda del Estado, se mantiene el pluralismo escolar, si bien la contrapartida de la financiación pública supone inevitablemente una considerable merma de la autonomía de los centros privados, sometidos ahora a controles estatales análogos a los de los centros públicos.

La libertad de enseñanza como libertad de cátedra

Libertad de cátedra para unos, libertad de expresión docente o libertad de la ciencia para otros, este derecho ha sido desde 1789 un objetivo irrenunciable de la izquierda europea. Nace como derecho de libertad, de defensa o delimitación de un campo individual donde el Estado no puede ni debe inmiscuirse, ya que repugna a la conciencia del ciudadano que el Estado pretenda imponer una verdad oficial por medio de la enseñanza. Las palabras de CONDORCET, gran defensor de la libertad de cátedra, dejaron sentir su efecto sobre el siglo XIX:

© Ediciones Morata, S. L.

"Por último la independencia de la instrucción forma parte, en cierto modo, de los derechos de la especie humana [...], [pues] ¿qué poder podría tener derecho a decirle [al hombre]: 'He aquí lo que es necesario que sepáis, éste es el límite donde debéis deteneros'? Puesto que sólo es útil la verdad, puesto que todo error es un mal, ¿con qué derecho un poder, cualquiera que sea, se atrevería a determinar dónde se encuentra la verdad y el error? Además, un poder que prohibiera enseñar una opinión contraria a la que ha servido de fundamento a las leyes establecidas, atacaría directamente a la libertad de pensamiento [...]".

(CONDORCET, 1990, págs. 91–92.)

El resultado fue que el derecho a la libertad de cátedra se recogió en todas las Constituciones del siglo XIX, aunque, una vez proclamado, su consolidación no fue fácil, pues fue un derecho de libertad repetidas veces vulnerado, tanto por los Estados confesionales como por los secularizados o laicos.

La proclamación de este derecho, sin embargo, nace con un ámbito limitado, circunscrito sólo a la Universidad. El hecho de que la libertad de cátedra se ciñera a las Universidades o instituciones académicas de alta cultura deriva de la concepción de la época, racionalista y científica, según la cual la Universidad tenía una misión investigadora de la que era una manifestación la enseñanza, es decir, se trataba de proteger la transmisión de todos los resultados alcanzados por la ciencia, fruto maduro de una libre y continua investigación.

En nuestros días, dentro de la Europa democrática, este derecho de libertad tiende a expansionarse. Aunque las Constituciones, la mayoría de ellas de cierta ancianidad, suelen recoger este derecho de libertad referido a la cátedra universitaria, la doctrina internacional y la jurisprudencia constitucional más reciente suelen ampliarlo protegiendo también al profesorado de los demás niveles educativos. Se considera, en consecuencia, que la extensión de la libertad de cátedra a los niveles escolares no sólo no atenta al libre desarrollo de la personalidad del alumno, sino que lo garantiza, ya que asegura una transmisión científica de los conocimientos, libre de todo adoctrinamiento ideológico —político o confesional—, si bien el alcance de ese derecho debe graduarse en función de la edad de los escolares.

Entre nosotros, la jurisprudencia constitucional se ha pronunciado por la extensión de la libertad de cátedra tanto a los centros públicos como a los privados, tanto a los niveles universitarios como a los demás niveles educativos, si bien el contenido positivo de esta libertad disminuye gradualmente conforme se aplica a alumnos de menor edad (sentencia de 13 de febrero de 1981 del Tribunal Constitucional).

Estas nuevas perspectivas han planteado nuevos problemas. En efecto, la libertad de enseñanza, entendida como derecho a crear y

© Ediciones Morata, S. L.

dirigir centros privados, implica también el derecho a un ideario, es decir, a un conjunto de valores que debe presidir la vida del centro (lo que se ha llamado también el carácter propio o el proyecto del centro). Protegido tal derecho, y protegida también la libertad de enseñanza entendida como libertad de cátedra, la posibilidad de que la libertad de expresión del profesor entre en colisión con el derecho del titular del centro a establecer el ideario se ha convertido en una realidad.

El problema se acentúa porque, en nuestros días, la libertad de cátedra tiende a ser considerada también desde el ángulo de la libertad ideológica, reconocida prácticamente en todas las constituciones occidentales, lo que supone siempre la posibilidad de un conflicto entre el derecho de los padres a elegir un centro docente de acuerdo con sus propias convicciones, el derecho del titular del mismo a dotarle de un ideario, proyecto o carácter propio y el derecho del profesor a la libertad de expresión docente.

El problema se centra, en realidad, en un conflicto entre dos libertades, ambas amparadas por ese supraconcepto legal que es la libertad de enseñanza. La consideración de la libertad de enseñanza como un complejo haz de derechos y libertades explica que dos sujetos de derecho, el profesor y el titular, puedan coincidir desde la perspectiva de la libertad ideológica que les ampara a ambos, pero también que puedan disentir. *En el primer caso* se puede dar una completa armonía de derechos e intereses; *en el segundo*, el disenso ideológico puede plantear un conflicto entre el derecho del profesor a la libertad de cátedra, de un lado, y, de otro, el derecho del titular a orientar ideológicamente el centro privado mediante un ideario religioso, moral o de otra índole (PUELLES, 1996, págs. 394–395).

En cualquier caso, lo más significativo de esta libertad polémica es que, en la actualidad, "los peligros para el desarrollo de las libertades provienen no tanto del Estado o de sus órganos de gobierno como directamente de la sociedad o de los grupos de poder", lo que ha acentuado el papel de un Estado pluralista que no amenaza sino que favorece la libertad y la diversidad ideológica (LOZANO, 1995, pág. 109). Lo que, en definitiva, significa que el conflicto debe ser resuelto, en su caso, por los órganos jurisdiccionales del Estado.

La jurisprudencia alemana, en caso de colisión de dos derechos fundamentales, ha acudido al criterio de la ponderación de los bienes jurídicamente protegidos, dado que no debe haber jerarquía entre los derechos fundamentales: tan fundamental es la libertad para imprimir un ideario a un centro privado como la libertad de expresión docente de los profesores de ese centro. La jurisprudencia constitucional española parece que se ha inspirado también en ese criterio, ya que remite la solución del caso controvertido a los tribunales ordinarios, los cuales ponderarán en cada supuesto qué bien, qué libertad debe ser defendida frente a otro derecho o libertad del mismo rango.

La libertad de enseñanza como libertad de elección de centro

Afirmadas y reconocidas en el mundo occidental tanto la libertad de creación de centros como la libre expresión docente, queda en pie el tema de la libre elección de centro.

Lo primero que hay que señalar es que la libertad de elección de centro ha cobrado nuevo auge como consecuencia de la aparición del discurso neoliberal sobre educación, allá por los años ochenta del pasado siglo. Como nos ocuparemos más adelante del neoliberalismo de una manera específica, basten ahora unas breves consideraciones sobre sus relaciones con la libertad de elección de centro. Este discurso, fuertemente ideológico, ha presentado el "movimiento de la libre elección de centro" como un nuevo paradigma que, aunque avance con diferente velocidad de fondo, será a la larga fatalmente inexorable. Se trata en realidad de un nuevo dogmatismo que se integra como un elemento más del "pensamiento único", hasta el punto de que toda crítica al planteamiento extensivo de esta libertad es presentada como algo anacrónico, desfasado respecto de los tiempos actuales, arcaico.

La libertad de elección de centro ha formado siempre parte del complejo haz de derechos que integran la libertad de enseñanza. Lo peculiar ahora es que el pensamiento neoliberal se centra en algo comúnmente aceptado, como es el derecho de los padres a elegir libremente la educación de sus hijos, si bien su efectividad se busca ahora en la diversificación de la "oferta" que, en el lenguaje neoliberal, quiere decir libre competencia entre los centros docentes. Por otra parte, del mismo modo que la famosa "mano invisible" del mercado, a pesar de los intereses egoístas que compiten entre sí, hace posible el interés público, aquí la libertad de elección de centro produce *per se* la mejora de la calidad de la enseñanza.

En segundo lugar, es cierto que la libertad de elegir centro docente es un derecho reconocido en nuestras sociedades occidentales, pero es un derecho que se deriva del más general de la libertad de enseñanza y no, como a veces se afirma o se supone implícitamente, de la libertad de empresa. La educación no es un bien de mercado más, por el que compiten distintas empresas educativas, eligiendo de entre ellas los padres

© Ediciones Morata, S. L.

de alumnos. Por otra parte, el derecho de los padres a elegir la formación religiosa y moral deseada para sus hijos, que forma parte de la libertad de elección, se canaliza normalmente en el ordenamiento europeo mediante la libre facultad de elegir un centro distinto de los creados por los poderes públicos.

En tercer lugar, toda ideología que se revista de un carácter monista despertará siempre notables reservas. Ello quiere decir que los derechos no pueden tener un contenido absoluto. Ya vimos cómo jurisprudencialmente los derechos tienen limitaciones que derivan de su propia naturaleza o de su convivencia con otros derechos, lo que significa que la libertad de elección de centro tiene que convivir con otros derechos, derivados no sólo del principio de libertad de enseñanza. Nos referimos ahora a los derechos que tienen su raíz en el principio de igualdad, considerada ésta desde la perspectiva de la equidad social.

En cuarto lugar, la concepción neoliberal desconoce algo que un gran liberal como BERLIN hizo constar hace tiempo. Y es que puede surgir un conflicto "entre la necesidad de preservar la libertad actual que tienen algunos padres para determinar el tipo de educación que quieren para sus hijos" y la necesidad de crear condiciones para que aquellos que, careciendo de ellas, puedan ejercer la libertad de elegir "que legalmente posean, pero que no pueden utilizar si no tienen estas oportunidades" (BERLIN, 1998, pág. 64). Por otra parte, para BERLIN, apasionado defensor de la libertad, "la libertad no es el único valor que puede o debe determinar la conducta"; más aún, "una libertad puede abortar otra; una libertad puede obstruir o dejar de crear condiciones que hacen posibles otras libertades, o un grado mayor de libertad" (ib., pág. 66).

Finalmente, la realidad nos indica que las políticas de libre elección de centro, aplicadas en diversos países desde un prisma neoliberal, conducen a una situación distinta de la teóricamente proclamada: no es que los padres elijan los centros docentes, sino que son los centros docentes los que terminan eligiendo a sus alumnos. El resultado final es que aumenta la desigualdad social y, con ella, la segregación por razones académicas, de clase social o de etnia (los inmigrantes terminan siempre en los centros públicos).

Sin embargo, quizá la carencia más grave del discurso neoliberal, en una ideología que aparentemente exalta el principio de libertad, es que apenas hace referencia a la educación para la libertad, a la educación para el ejercicio de las libertades civiles, dando de este modo la espalda a lo que constituye, sin duda alguna, la mayor gloria de la tradición liberal, esto es, la defensa y consolidación de la libertad personal, de la llamada libertad-autonomía. Asimismo, hay otro ominoso silencio a

© Ediciones Morata, S. L.

lo largo de ese discurso, concorde ahora con la peor tradición liberal antidemocrática: apenas se habla de la formación del ciudadano, de la educación en libertad, es decir, de las relaciones entre la llamada libertad-participación y la educación.

La educación para la libertad política

Lo primero que tenemos que afirmar de la libertad política es su carácter multívoco, esto es, estamos ante un concepto que admite muchos enfoques y contenidos. Para analizar esta polivalencia nada mejor que recordar que, como todos los fenómenos humanos importantes, la libertad política está cargada de historicidad. Es necesario por ello hacer un breve recorrido por la evolución de este concepto porque nos puede enseñar a precisar, a delimitar lo que es la libertad-participación.

Vamos a recalar de nuevo en la Revolución francesa, pues es en ella donde nace con toda su potencialidad la libertad política. La Revolución francesa es un acontecimiento histórico dotado de una extraordinaria complejidad. Han pasado doscientos años y seguimos reflexionando sobre esta revolución: "¿Qué tiene la Revolución francesa que la constituye en la Revolución por antonomasia?", se preguntaba hace unos años un conocido profesor y una personalidad política de los años de la transición española. Él mismo nos daba la respuesta: "La Revolución francesa es, simultáneamente: 1.º Un cambio ideológico. 2.º Un cambio estructural. 3.º Un proceso muy activo de creación de modelos" (TIERNO, 1964, pág. 166). Efectivamente, quizá estamos ante una revolución única en la historia, porque encierra en sí tres revoluciones de distinto significado ideológico: es una revolución liberal —afirmadora de las libertades civiles—, es una revolución democrática —afirmadora de las libertades políticas— y es una revolución social, los derechos sociales están ya en germen en la fase jacobina de la Revolución:

> "Sólo reconocemos tres revoluciones propiamente dichas: la inglesa, que llegó a la cumbre con la decapitación de Carlos I; la francesa, a la que llamamos por antonomasia Gran Revolución, y la rusa. [...] Sin embargo, los modelos de la Gran Revolución permanecen hasta hoy [...]. La Revolución se extendió a toda Europa, donde se fue produciendo lentamente. En algunos países, todo el siglo XIX fue un esfuerzo por lograr lo que la Revolución francesa había puesto en movimiento en el orden de las ideas y de los hechos".
> (TIERNO, 1964, págs. 165 y 169.)

Pues bien, referido a lo que ahora nos concierne, esto es el problema de la participación, que no otra cosa es la libertad política, está claro que antes de la Revolución no se puede hablar de libertad política, no se puede hablar de participación en los asuntos públicos, sencillamente porque no hay sujeto titular de esa libertad, no hay ciudadanos: antes de la Revolución sólo hay súbditos, y los súbditos no participan, se limitan a obedecer. Sólo cuando aparece el concepto de ciudadano es cuando podemos hablar de participación en los asuntos públicos. Surge así una primera aproximación que es importante: la versión pública de la libertad nace como participación política.

Ahora bien, esa participación política se nutre fundamentalmente del derecho de asociación y del sufragio. Aunque la libertad de asociación no es ahora nuestro tema, interesa detenernos brevemente en ella para ver las resistencias que el liberalismo de la primera hora le opuso.

Hoy sabemos que el liberalismo político, triunfante en la Revolución francesa, no fue un movimiento monolítico. Utilizando una imagen geométrica, podemos decir que el liberalismo histórico nació como una figura poliédrica, dotada de varias caras que en cada momento de su larga evolución fueron haciéndose visibles para los espectadores. Así, en los comienzos del liberalismo, el asociacionismo, al igual que los cuerpos intermedios, no fueron vistos como una garantía para la división del poder, tal como MONTESQUIEU quería, sino como un impedimento para la formación de la voluntad general. Recuérdese que ROUSSEAU consideraba la sociedad como un cuerpo formado por un conjunto indivisible de individuos —de ahí el temor a las facciones dentro del cuerpo político—, y que precisamente por ello, entre el conjunto de individuos y la soberanía popular no cabían ni asociaciones ni cualquier otro tipo de elementos intermedios.

Ello explica la dificultad, y las resistencias, que encontró el derecho de asociación. En España, al igual que en otros países europeos, no fue reconocido hasta la Constitución de 1869, como consecuencia de la Revolución del 68, la *Gloriosa*. Sin embargo, fue preciso esperar a 1887 para que tuviéramos una ley de asociaciones que desarrollara y garantizara el ejercicio de este derecho.

Parecidas resistencias encontraría también el derecho al sufragio, instrumento mediante el cual se participa en la vida política, un derecho que los jacobinos fueron los primeros en contemplar como un derecho universal. Para que veamos los problemas que siempre conlleva la participación, recordemos que la libertad política se implantó con grandes dificultades: las clases que realmente dirigían la vida pública de los países europeos ofrecieron una considerable resistencia a la participación política del ciudadano, al llamado sufragio universal (aunque concebido sólo para los varones). Durante casi todo un siglo lo que rige es el sufragio censitario (se vota porque la persona está incluida en el censo de contribuyentes con un determinado nivel de renta o porque se pertenece al reducido grupo de profesionales liberales).

Es preciso esperar a finales del siglo XIX para que en los países europeos se haga efectivo el sufragio universal: un hombre, un voto. En España se produce en 1869 con la malograda revolución democrática, y se restaura en 1890 con el turno liberal de SAGASTA. Ahora bien, esta consagración del derecho al sufragio está impregnada de una acepción de género: el sufragio "universal" sólo incluye a los hombres en el sentido masculino de la palabra; esto es, las mujeres no votan. Es preciso esperar al siglo XX para que el sufragio sea plenamente universal, es decir, para que las mujeres puedan votar y elegir a los representantes políticos. Pero, aun así, las resistencias se hacen ver en el nuevo siglo: en la democrática Inglaterra, el sufragio femenino sólo se alcanza en 1928, es decir, prácticamente acabado el primer tercio del siglo; en Francia, país de gran tradición revolucionaria, no se consigue el sufragio femenino hasta 1945. En general, el sufragio universal pleno no se alcanza en los países europeos hasta después de la Segunda Guerra Mundial. En España nos adelantamos con la Segunda República, en que, por primera vez en nuestra historia, se aceptó que la mujer pudiera tener acceso al sufragio, pero el acoso y muerte de la República hizo inviable la participación política durante la larga dictadura del franquismo. Fue necesaria la vuelta de la democracia para que todos, hombres y mujeres, tuvieran derecho a votar. Sólo por la democracia, sólo por la Constitución de 1978, o sea, ayer mismo, la mujer ha podido ejercer el derecho al voto, el derecho a la participación política.

Las resistencias a la participación, tan evidentes desde una perspectiva histórica, no han sido fruto sólo de las fuerzas conservadoras; provienen también de la ignorancia y de la pasividad del individuo. En otras palabras, la libertad política, entendida como libertad positiva, esto es, como participación en los asuntos públicos, exige aprendizaje y ejercicio. Hay que formar a los individuos para la participación política. La educación en las sociedades democráticas tiene que trasmitir una cultura política, en el sentido comúnmente aceptado de transferir conocimientos, valores y sentimientos respecto de las instituciones democráticas; y esa cultura política debe formar parte de la educación cívica que ha de impartirse a todo el alumnado. Ahora bien, en las sociedades democráticas actuales no resulta suficiente educar para la participación, hay que educar también en la participación. Es decir, hoy día la libertad-participación no se limita a la participación política sino que se extiende a la llamada participación social.

En cierto modo, podemos hablar de una curiosa paradoja, pues cuando la ciudadanía ha conquistado plenamente el derecho al sufragio, es cuando se manifiesta con fuerza el déficit que presenta la representación política, o, al menos, la representación política como se ha producido hasta el momento. Para nadie es un secreto que la democracia representativa tiene grandes lagunas, que hay una brecha grande entre los gobernantes y los gobernados, entre los que mandan y los que obedecen; esto explica que en toda Europa surgieran con gran vigor, en los años sesenta del siglo XX, los movimientos sociales, precisamente para cubrir esa brecha. Ello es así porque el ciudadano, en la democracia representativa actual, se siente perdido, se encuentra en un espacio político donde es convocado a votar cada tres o cuatro años, pero en los restantes aspectos de la vida pública, que le afectan muy directamente, no tiene participación. Por eso va a surgir en esos años el concepto de participación social: es el momento del auge sindical en la Europa occidental, la época del desarrollo de los movimientos ecologistas, la aparición de los movimientos feministas, el nacimiento de las asociaciones de consumidores, y, en el ámbito educativo, los movimientos estudiantiles y docentes.

Nace así un concepto nuevo, el de participación social. No basta con que el ciudadano participe en la vida política, es necesario que colabore también en los distintos aspectos de la vida pública, bien como consumidor, bien como persona preocupada por el deterioro de nuestro entorno natural, bien como profesional. Es decir, el hombre ya no es un ser genérico, sino una persona concreta que aspira a participar en los distintos planos que componen la vida pública y que constituyen hoy el tejido de las relaciones sociales.

Respecto a la educación, la participación en la vida de la escuela ha sido elevada en varios países europeos, con mayor o menor intensidad, a la categoría de Ley. Sin embargo, con independencia de la regulación legal concreta, la realidad es que en general no hay conciencia clara de la necesidad de una política de fomento de la participación, de una política orientada a formar en la participación. La participación no es gratuita; exige esfuerzo, cauces, recursos. Exige instrumentar políticas dirigidas a hacer de la escuela una comunidad real, promoviendo el uso de metodologías activas en el proceso de enseñanza y aprendizaje, produciendo cambios sustanciales en la relación alumnos-profesor, fomentando la participación en la vida diaria de la escuela. Sólo así habrá una escuela en la que niñas, niños, adolescentes y jóvenes, mediante la práctica democrática en el propio centro docente, aprendan y se preparen para ser ciudadanos.

© Ediciones Morata, S. L.

CAPÍTULO IV

Problemas de las políticas educativas de igualdad

El principio democrático que sembró la Revolución francesa ejerció en el siglo XIX una irresistible atracción, presente sobre todo a partir de la revolución del Cuarto Estado en 1848, consecuencia ostensible de la irrupción del pueblo como protagonista autónomo en el escenario político. Pero las exigencias del principio de igualdad, base de la democracia, se proyectaron también en tiempos posteriores, incluidos los nuestros, dando relevancia a la idea de los derechos. De este modo, pudo decir el clarividente TOCQUEVILLE que "sin respeto a los derechos no hay sociedad" (1963, pág. 247). Sin embargo, como veremos de inmediato, la idea de los derechos va a presentarse en la segunda modernidad, la que alumbra la Revolución francesa, como un fruto maduro del principio de libertad: los derechos de libertad o de defensa que ya vimos, pero los derechos derivados del principio de igualdad van a encontrar una enorme resistencia, aunque al final se impondrán como derechos sociales. Todo ello tendrá notables repercusiones en la educación moderna.

La idea de los derechos

La idea de los derechos no puede ser examinada sin tener en cuenta su propia historicidad. Como ha señalado BOBBIO, lo que ha gravitado casi siempre sobre la mayor parte de la historia del hombre ha sido la idea de los deberes: deberes con la familia, con el grupo social, con la ciudad, con la autoridad política:

Problemas de las políticas educativas de igualdad

> "El punto de vista tradicional tenía como efecto la atribución a los individuos no de derechos, sino preferentemente de obligaciones, comenzando por la de obediencia a las leyes, es decir, a los mandatos del soberano. Los códigos morales y jurídicos han sido durante siglos, desde los Diez Mandamientos a las Doce Tablas, conjunto de reglas imperativas que establecían en los individuos obligaciones y no derechos".
>
> (BOBBIO, 1991, pág. 146.)

Es en la Edad Media europea cuando comienzan a aparecer, con timidez, los derechos, centrados, en esencia, en la propiedad privada: "Contrariamente a lo que hoy se podría pensar [...], el derecho de propiedad fue considerado durante siglos como una barrera, la más fuerte barrera, al poder arbitrario del soberano" (BOBBIO, 1991, pág. 141).

Hace pocos años, LANDES señaló que, entre las causas que crearon en el mundo la "excepción europea", la concepción de la propiedad privada fue la que otorgó mayor significación política y económica a la nueva sociedad emergente, redescubriéndose y reimplantándose los derechos de propiedad tras la caída de Roma:

> "Aquel mundo, que conocemos como medieval —Edad Media—, constituía una sociedad de transición, una amalgama del legado clásico, de las leyes y costumbres tribales germánicas y lo que se ha dado en llamar tradición judeocristiana. Todos sirvieron de pilar a las instituciones de la propiedad privada [...]. En las centurias que siguieron a la caída de Roma, el brazo de la autoridad fue corto. [...] En este contexto, la propiedad privada era todo cuanto se podía poseer y defender. A veces se arrebataba por la fuerza, como cuando hoy le asaltan o roban a uno. Pero el principio no murió: la propiedad era [ya] un derecho".
>
> (LANDES, 1999, págs. 45 y 46.)

La situación descrita no se verá alterada por la llegada del Estado absoluto, en el que "los individuos ostentan en relación con el soberano [sólo] derechos privados"; únicamente con el triunfo de la Revolución francesa y con el advenimiento del Estado liberal es cuando el individuo tendrá frente al Estado "no sólo derechos privados, sino también derechos públicos. El Estado de Derecho es el Estado de los ciudadanos" (BOBBIO, 1991, pág. 109).

El paso de los derechos privados a los de carácter público se realiza fundamentalmente en la Revolución francesa. Antes de ella sólo puede hablarse de derechos particulares, unidos a una condición singular que nace de pertenecer a un grupo social determinado. Incluso cuando surgen las primeras libertades en Inglaterra, éstas no aparecen como libertades del hombre inglés sino como libertades de determinadas categorías de ingleses. Son los *iura quesita*, esto es, derechos adquiridos por concesión regia o por prescripción, propios del orden medieval.

© Ediciones Morata, S. L.

Hay que precisar que esos derechos adquiridos no tienen en el orden medieval el carácter transitorio que hoy ocupan, ni son un problema de carácter temporal en función de la vigencia de dos leyes en el tiempo, sino que se configuran como una auténtica barrera frente al poder expansivo del Príncipe: son derechos permanentes, sin bien hoy los consideramos más bien como privilegios conquistados, relacionados con un linaje, un estamento, una ciudad, una iglesia o un gremio:

> "Ya en la Magna carta de 1225 el rey Enrique II otorga, por propia voluntad, a determinadas categorías de su pueblo, ciertas libertades bien especificadas. Se trataba no del hombre o de los hombres, del ciudadano o de los ciudadanos en general, sino de barones y de condes, de eclesiásticos y obispos, de mercaderes y de campesinos".
> (BATTAGLIA, 1966, pág. 160.)

Frente a estos derechos de carácter singular, la Revolución francesa proclamará, no los derechos de determinados franceses, ni siquiera los derechos del hombre francés, sino los correspondientes al hombre y al ciudadano, dando lugar a una nueva categoría de derechos, los derechos públicos subjetivos, ligados a la pura condición de persona, de carácter abstracto, reconocidos y garantizados por la ley, ley que es ahora fruto de la voluntad de todos, de la voluntad general (frente a la arbitrariedad de la potestad regia de la monarquía absoluta, el principio democrático significa no el gobierno de los hombres, sino el gobierno de las leyes).

Los derechos públicos subjetivos no sólo van a ser reconocidos y garantizados en la Revolución francesa, sino que van a ser elevados a la categoría de derechos fundamentales y proclamados de modo solemne en las Constituciones. Esta proclamación significa que los derechos públicos de la persona van a tener un carácter constitucional, esto es, superiores a la Ley ordinaria (aunque desarrollados por ella). Pero tanto el principio democrático como la concepción de los derechos fundamentales hubieron de esperar largo tiempo a su efectiva implantación:

> "Hay que decir que los dos capítulos del Derecho Público revolucionario que fueron dejados en dormición, el principio democrático como único principio de gobierno y el valor supralegal de los derechos fundamentales, serán reconocidos ya en este siglo, tardíamente, tras la Segunda Guerra Mundial".
> (GARCÍA DE ENTERRÍA, 1994, pág. 205.)

Ello es así, en parte, porque los derechos reconocidos en la Revolución francesa descansan básicamente en las teorías del derecho natural de los siglos XVII y XVIII. Como es sabido, LOCKE, uno de los padres fundadores del liberalismo político, utilizó, como HOBBES, la ficción del estado de naturaleza como base conceptual del nuevo Estado liberal, aunque en un sentido netamente opuesto a la filosofía política del autor del Leviatán: los hombres vivían en el estado de naturaleza como seres libres e iguales, pero en continua zozobra respecto de sus derechos, por lo que, para asegurarlos, decidieron constituirse en sociedad política y erigir el Estado, cuya misión fundamental se agota en el reconocimiento y garantía de los derechos del hombre, que, por ser naturales, esto es, ligados a la naturaleza humana, son inalienables —no pueden ser objeto de compraventa— e imprescriptibles: su vigencia no caduca jamás.

Ahora bien, ¿cuáles son esos derechos naturales, inalienables e imprescriptibles? Dos fundamentalmente: la seguridad de las personas y la libertad religiosa, dos grandes problemas que preocuparon mucho a esta época, aunque la eclosión de la Revolución francesa alcanzó a otros derechos. Probablemente sea CONSTANT, el más cualificado representante del liberalismo político de los primeros tiempos, quien mejor ha expresado el contenido de tales derechos en su famosa conferencia sobre la libertad de los antiguos comparada con la de los modernos:

> "[...] el derecho de cada uno a no estar sometido más que a las leyes, a no poder ser ni arrestado, ni detenido, ni muerto, ni maltratado de manera alguna a causa de la voluntad arbitraria de uno o de varios individuos. Es el derecho de cada uno a expresar su opinión, a escoger su trabajo y a ejercerlo, a disponer de su propiedad, y abusar incluso de ella; a ir y venir sin pedir permiso y sin rendir cuentas de sus motivos o de sus pasos. Es el derecho de cada uno a reunirse con otras personas, sea para hablar de sus intereses, sea para profesar el culto que él y sus asociados prefieran, sea simplemente para llenar sus días y sus horas de la manera más conforme a sus inclinaciones, a sus caprichos".
>
> (CONSTANT, 1989, pág. 259.)

Estos contenidos, precisados por CONSTANT en tan temprana hora son, en definitiva, los derechos que se aglutinan en torno a la libertad-autonomía, los derechos que van a predominar durante el siglo XIX europeo. Son, como ya vimos, derechos de libertad o de defensa frente al Estado, un conjunto de libertades civiles que forman un haz, un escudo que protege la vida, la propiedad y la libertad de las personas frente a la omnipotencia del Estado, algo que más tarde se plasmará en el concepto de "libertad negativa", pues lo que se demanda del Estado es que no coaccione a ese conjunto de libertades personales, que no las restrinja, que no las constriña, respetándolas y garantizándolas mediante las leyes. De este modo, la "libertad negativa" será la base del liberalismo político, del individualismo, de la propiedad y de la libertad del comercio y de los contratos, constituyendo de este modo el más firme sostén de la nueva etapa que el capitalismo comercial e industrial repre-

© Ediciones Morata, S. L.

senta. Pero la Revolución francesa alumbrará también otro principio, el principio democrático, y, con él, la participación del ciudadano en la vida pública por medio del sufragio, base del instituto de la representación, que más tarde se concretará en el concepto de "libertad positiva" o libertad política, cuya plenitud de ejercicio, abierta a todos los ciudadanos, tardará casi un siglo en hacerse efectiva en los países europeos.

De la "libertad negativa" nacerán, pues, los derechos civiles, anclados en el principio de libertad; de la "libertad positiva", los derechos políticos, basados en el principio de igualdad. ¿Qué lugar ocupa aquí el derecho a la educación? Ninguno:

> "No me consta que en las descripciones más notables del estado de naturaleza se hiciese mención de este derecho [a la educación]. La verdad es que tal derecho no surgía del estado de naturaleza porque no estaba inmerso en la sociedad del tiempo en que nacieron las doctrinas iusnaturalistas, cuando las exigencias fundamentales que partían de aquella sociedad para llegar a los poderosos de la tierra eran principalmente exigencias de libertad en relación con las iglesias y los Estados, y todavía no de otros bienes, como el de la educación, que sólo una sociedad más evolucionada social y económicamente expresaría. Eran exigencias cuyo fin principal consistía en poner límites a los poderes opresivos [...]".
> (BOBBIO, 1991, pág. 121.)

El derecho a la educación, pues, no será incluido ni en el ámbito de la libertad negativa ni en el de la positiva, sino que, como veremos de inmediato, ligará su destino al de los llamados derechos sociales. Por ello, la educación tendrá que esperar, como los derechos sociales, más de siglo y medio en ser reconocida como uno de ellos. El derecho a la educación corresponde, pues, a otro estadio de nuestra civilización, más evolucionado moral y socialmente que el que vio nacer los derechos civiles y políticos. Sin embargo, no conviene olvidar que la Revolución francesa vislumbró también el derecho a la instrucción, derivado de la idea jacobina de igualdad, si bien el destino dramático de los jacobinos arrojó a las tinieblas esta noble concepción de la educación pública como un derecho del ciudadano.

La educación como derecho social

La nacionalización de los bienes eclesiásticos en la Francia de 1789 fue el comienzo de una nueva concepción educativa. Es entonces cuando aflora la vertiente pública de la educación. Hasta ese momento, la educación había sido algo predominantemente privado, monopolizado *de facto* por las congregaciones religiosas. Cegadas por la nacionalización, las fuentes de financiación de este monopolio —las rentas de los bienes eclesiásticos—, los revolucionarios franceses tomaron entonces una decisión de gran trascendencia, lo que los juristas conocen como una *publicatio*, es decir, transformaron una actividad privada en un asunto público, o, en el lenguaje actual, convirtieron la educación en un servicio público.

No nos interesan ahora las vicisitudes por las que transcurrió la vida de la educación como servicio público en la Europa liberal. Sólo debemos reseñar que en la misma Revolución se enfrentaron dos concepciones distintas de la educación pública. Una de ellas corresponde a la fase liberal y encuentra su mejor expresión en la Constitución de 1791, primer texto constitucional que garantiza la creación de un sistema público de educación, abierto a todos los ciudadanos, pero basado principalmente en dos grandes tramos de enseñanza: instrucción elemental para las clases populares, y por tanto gratuita; instrucción media y superior para las élites de la sociedad, y por tanto onerosa.

Sin embargo, a la fase liberal le sucedió otra de carácter jacobino con aspiraciones fuertemente democráticas, que hará énfasis en la igualdad básica de los seres humanos. Nace ahora el concepto moderno del derecho a la educación, fuertemente arraigado en el principio de igualdad, si bien la derrota de los jacobinos relegará al olvido sus ideas, entre ellas la consideración de la educación como un derecho.

No obstante, el principio de igualdad no permaneció inoperante. La igualdad se convirtió pronto en la idea-fuerza que animó el espíritu de la izquierda europea. El principio de la igualdad se manifestó, desde la perspectiva de la educación pública, en la lucha a favor de la escolarización obligatoria y gratuita, pugnando no sólo por extender la educación básica a toda la población, sino también por alargar el número de años de escolaridad y ampliar los conocimientos incluidos en el currículum. Así, en España, por ejemplo, se pasó de una escolarización primaria de tres años de duración —Ley Moyano de 1857— a una escolarización de seis en el real decreto de 1901, obra del liberal Romanones, al mismo tiempo que el sencillo currículum de principios del siglo XIX —leer, escribir y contar— se transformó en el currículum enciclopédico de 1901, impulsado por el mismo ministro.

Pero el derecho a la escolarización obligatoria, universal y gratuita, alcanzado a lo largo del siglo XIX en todos los países del mundo occidental, tenía profundas limitaciones: se circunscribía sólo a la Educación Primaria y reposaba sobre la buena voluntad de los Estados para su implantación. Sólo con la aparición del Estado de bienestar en el siglo XX fue posible que la tendencia iniciada en 1793 llegara a su culminación,

© Ediciones Morata, S. L.

consolidándose la educación como un derecho fundamental, como un derecho social de contenido prestacional que exige la intervención del Estado. Ahora se trata no sólo de garantizar un espacio de autonomía privada, de respetar unos derechos de libertad de contenido negativo —no hacer, no intervenir—, sino de garantizar también unos derechos de contenido positivo, unos derechos prestacionales que por su propia naturaleza exigen del Estado todo lo contrario: hacer, intervenir, regular. Este proceso puede situarse en torno a la Primera Guerra Mundial, aunque el primer hito corresponde a la constitución mexicana de Querétaro de 1917.

A la revolución mexicana se uniría pronto otra revolución, llamada a ejercer un gran impacto sobre las sociedades del siglo XX. La Revolución rusa y la Declaración de los Derechos del Pueblo Trabajador y Explotado de 1918 abrieron el camino para una aceptación universal de los derechos sociales. La amenaza del comunismo triunfante, todavía virginal y pleno de expectativas, obligó al Estado liberal a dar un giro copernicano. A partir de entonces no bastará ya con que los derechos del hombre, en cuanto individuo, sean reconocidos; se deberán también garantizar las condiciones para el ejercicio y desarrollo de esos derechos. Esta mutación significó el paso del Estado liberal inhibicionista al Estado social intervencionista, una nueva forma estatal que se generalizó en la Europa occidental a partir de la segunda posguerra mundial.

Correspondió a la Constitución italiana de 1947 abrir camino a los demás Estados, declarando la inauguración de una nueva época enmarcada en su artículo tercero:

> "Todos los ciudadanos tienen igualdad de derechos sociales y son iguales ante la ley, sin distinción de sexo, de raza, de lengua, de religión, de opiniones políticas y de condiciones personales y sociales.
> Es misión de la República remover los obstáculos de orden económico y social que, limitando de hecho la libertad y la igualdad de los ciudadanos, impiden el pleno desarrollo de la personalidad humana y la efectiva participación de todos los trabajadores en la organización política y social del país".
>
> (ESTEBAN, 1979, vol. II, pág. 122.)

Partiendo de ese marco se establecía una moderna clasificación de los derechos. El título I regulaba los derechos civiles, el II los derechos sociales —entre los que aparece expresamente el derecho a la educación—, el III los derechos sociales de contenido económico y el IV los derechos políticos. Finalmente, el derecho a la educación era regulado con gran amplitud en el artículo 34, por el que se establecía que aquellos que, demostrando capacidad y mérito, no dispusieran de medios económicos, tendrían derecho a alcanzar los grados más elevados de la educación.

Surgía de este modo el Estado social de derecho, benefactor o de bienestar, fruto de una época de prosperidad. Los gobiernos socialdemócratas de Europa pactaron con los sindicatos una política dirigida a la consecución de los derechos sociales, dando lugar a lo que se ha llamado la segunda generación de los derechos del hombre. De entre ellos destacaron pronto la sanidad, la previsión social y la educación.

Las manifestaciones de la igualdad y la educación

La igualdad, como la libertad y como otros tantos principios básicos de la vida pública, son palabras que encierran una gran indeterminación. Son voces polisémicas y, por tanto, ambivalentes. Su uso exige precisión. Ello explica que a veces se haya tomado postura contra el principio de igualdad alegando la desigualdad física de los seres humanos, la diversidad de los talentos, etc., aunque obviamente los partidarios de la igualdad no han pugnado nunca contra esa desigualdad, dada por la naturaleza, aunque sí hayan propuesto limitar sus efectos. De lo que se trata, en nuestra civilización occidental, es de defender la igualdad básica de hombres y mujeres en tanto que seres humanos, o en otros términos, de evitar, o reducir, la desigualdad social, política y económica fruto del poder, del privilegio, del nacimiento o de la adscripción a una clase social. En realidad, la igualdad es un valor moral que tiene su asiento en la dignidad del ser humano, basada en el hecho mismo de ser persona y de pertenecer a una comunidad. Ahora bien, las manifestaciones de la igualdad no han aparecido todas al mismo tiempo ni con la misma intensidad.

Históricamente, y circunscribiéndonos ahora a nuestra edad contemporánea, la primera manifestación de la igualdad fue puramente jurídica. Apareció como igualdad ante la Ley, como igualdad de derechos. Estamos tan acostumbrados ya a esta idea de la igualdad jurídica, y a su vigencia más o menos efectiva, que no somos demasiado conscientes de la revolución que supuso su incorporación a la vida pública. Su triunfo significó nada menos que la quiebra radical de la sociedad estamental. No está de más recordar que los pueblos europeos vivieron durante largos siglos de feudalismo en una sociedad rígidamente cerrada: se nacía y se moría en un estamento determinado, cada persona se regía por el estatuto propio de su estamento, establecido para cada grupo social por las costumbres y las leyes.

© Ediciones Morata, S. L.

Casi al mismo tiempo apareció también la igualdad política, auténtico motor de las sociedades democráticas. Su instrumento fue el sufragio, el derecho a participar en la vida pública, tanto en la elaboración de las leyes como en el control de los gobernantes. Sin embargo, como ya se indicó, las resistencias al sufragio universal fueron constantes durante la centuria del xix y gran parte del xx.

Finalmente, los derechos sociales son hijos de la igualdad. Sin embargo, el fracaso histórico de los regímenes comunistas a finales de los años ochenta, orientados hacia el logro absoluto de la igualdad, hizo retroceder dicho principio a niveles que la conciencia pública hubiera considerado inaceptables en tiempos de la segunda posguerra mundial. En el presente momento, las ideologías de cuño conservador plantean el problema de la relación entre igualdad y libertad como una antítesis irreconciliable: a más igualdad, menos libertad; a más libertad, menos igualdad. Tal como se acostumbra a presentar el problema, es como si estuviéramos ante una ley física de inevitable cumplimiento, olvidando que la democracia en la que vive hoy el mundo occidental —y a la que aspiran otras regiones de la tierra— no es posible si no cumple con las exigencias básicas derivadas de uno de los principios que le es connatural y esencial: la igualdad.

Para los que defienden un concepto político de la democracia más exigente, la democracia liberal no es el punto de llegada —el fin de la historia, como se ha dicho—, sino el punto de partida. La divisa de la Revolución francesa —libertad, igualdad y fraternidad— sigue siendo su sustento. Esta forma política, para llevar a cabo sus objetivos, necesita no sólo profundizar en sus supuestos clásicos —democráticos y liberales—, sino también cumplir con las exigencias derivadas del principio de igualdad: debe ser una democracia liberal y social. La democracia necesita de la libertad y de la igualdad para orientar a los ciudadanos hacia lo que los griegos llamaban una "vida buena". El triple emblema de la Revolución francesa sigue configurando la identidad de la democracia y ofreciendo su mejor definición, quizá porque en esa tríada sus elementos son interdependientes —ninguno de ellos desplaza al otro—, y porque se nutren de una misma savia, que es la aspiración perenne de los seres humanos a vivir como seres libres, iguales y solidarios. Quizá también porque en el lema "libertad, igualdad y fraternidad" convergen inextricablemente principios de naturaleza moral, social y política:

> "Cierto que un régimen que privilegia la libertad puede dejar que se incremente la desigualdad y, a la inversa, que la búsqueda de la igualdad pueda hacerse al precio de una renuncia a la libertad. Pero es más cierto todavía que no hay democracia que no sea la combinación de esos dos objetivos y que no los una mediante la idea de fraternidad [...]. La divisa

'libertad, igualdad, fraternidad' ofrece la mejor definición de la democracia, porque une elementos propiamente políticos a otros que son sociales y morales".

(TOURAINE, 1994, págs. 162 y 163.)

Por lo que respecta a la igualdad, ésta se ha afirmado en los países de la Europa occidental como un principio que exige iguales oportunidades para todos. Ahora bien, se suele distinguir en la igualdad de oportunidades dos tipos distintos:

"En una primera acepción, la igualdad de oportunidad significa *igual acceso*, es decir, [...] la fórmula de la 'carrera abierta al talento', en función, y únicamente en función, de la capacidad y de los méritos. En una segunda acepción igualdad de oportunidades significa, por el contrario, *igualdad de partida*, igualdad de condiciones iniciales (para lograr la igualdad de acceso)".

(SARTORI, 1992, pág. 90; cursivas del autor.)

La igualdad de oportunidades en educación nos ha deparado una literatura específica y verdaderos ríos de tinta. No obstante, no simplificamos demasiado la cuestión si indicamos que la igualdad de oportunidades en educación significa hoy, principalmente, dos cosas: una, igualdad de todos ante la educación básica, obligatoria y gratuita, para lo cual es necesario nivelar las condiciones de partida (de ahí la importancia compensatoria de la educación infantil como nivel escolar); otra, igualdad de acceso a los niveles postobligatorios según criterios de capacidad y mérito. Ambos tipos de igualdad significan, en menor o mayor grado, igualdad de trato ante el conocimiento, sobre todo en aquellos estadios académicos o profesionales en que los individuos terminan compitiendo por la adquisición del máximo conocimiento posible. Ello nos plantea otro problema, íntimamente ligado con la igualdad de oportunidades, cual es el sentido que tiene competir por los conocimientos y su relación con el papel de la escuela.

Como ya señaló HUSÉN, la educación moderna se mueve siempre en un dilema que tiene difícil solución si todo lo esperamos de la escuela, ya que, por una parte, el sistema educativo realiza una distribución del conocimiento, desde el básico hasta el más cualificado, lo que implica competición interna, y, por otra, la conciencia pública exige hoy que todos puedan ejercer el derecho a obtener la máxima educación posible. Para decirlo con las propias palabras de este conocido autor:

"El dilema básico radica en el hecho de que el sistema educativo existe para dotar de competencias, y, por tanto, por necesidad, crea diferencias. La escuela no puede actuar simultáneamente como igualadora y como instrumento que establece, refuerza y legitima las distinciones. [...] Por consiguiente, el problema de conseguir una verdadera igualdad de oportunidades consiste en ofrecer opciones múltiples basadas en valores distintos que *no* se alinean a lo largo de una sola dimensión. Hemos empezado a entender que las disposiciones educativas uniformes no son la solución para una sociedad más igualitaria".

(HUSÉN, 1988, pág. 128; cursiva del autor.)

Por otra parte, HUSÉN nos recuerda la parodia de ORWELL, según la cual aquellos que desde el principio son más iguales que otros tendrán siempre ventajas particulares. La solución a este dilema no está en la escuela, tiene que proceder de un factor externo —el poder público— que adopte como tarea previa la de compensar el desigual capital cultural de las niñas y de los niños cuando ingresan en la escuela, un resultado más del contexto socioeconómico en que se desenvuelven. Esta pretensión puede resultar modesta a algunos, sobre todo si recordamos que durante la Segunda Posguerra Mundial se asignó a la educación la misión de erradicar las desigualdades sociales. Pero esta desmesurada fe depositada en la educación por aquellos años no fue sino el reflejo de la buena conciencia de una sociedad que pensaba en la educación como la fórmula "mágica" que había de resolver males que, en rigor, entonces como ahora, correspondía solucionar a las políticas económicas y sociales, no a la educación.

Si la educación debe reconducirse a sus propios términos, encomendando a otras instancias económicas y políticas la erradicación, o al menos, la reducción de las desigualdades sociales, ello no quiere decir que la educación no tenga hoy en sus manos la clave para resolver un problema que será cada vez más determinante en la sociedad del futuro, el de la distribución equitativa del conocimiento:

"[...] en la nueva economía la educación se convierte en el recurso crítico de valor añadido al trabajo. En 1979, el graduado universitario medio ganaba el 38% más que el bachiller medio. En 1999, la diferencia era del 71%. Además, educación no es lo mismo que escolarización. La economía basada en el conocimiento requiere facultades analíticas generales y una capacidad de entender e innovar que únicamente pueden satisfacerse en instituciones educativas avanzadas. Los grupos de renta baja, inmigrantes y minorías tienen oportunidades significativamente inferiores de acceder a una educación de calidad, tanto secundaria como universitaria. Por tanto, cuanto mayor es el papel de la educación en el progreso laboral, mayores son las probabilidades de que se aumente la desigualdad en ausencia de políticas educativas compensatorias".

(CASTELLS, 2001, vol. III, pág. 165.)

Los adolescentes que, por razones que no podemos analizar ahora, son expulsados del sistema escolar sin haber consolidado una formación básica, son candidatos seguros a formar, en la sociedad "de los dos tercios", el tercio restante de excluidos o marginados del sistema social. De ahí que la igualdad de oportunidades sea hoy, ante todo, igualdad de acceso a la educación, lo que supone la puesta en práctica de políticas dirigidas a compensar el desigual capital cultural en las edades más tempranas —educación infantil—, a igualar las condiciones en la larga etapa de la educación básica aplazando la inevitable selección al final de la misma —educación comprensiva— y a favorecer mediante una amplia política de becas el acceso a la educación post secundaria, sea ésta una formación profesional de nivel medio o superior, sea de carácter universitario, de tal modo que la capacidad, el esfuerzo y el mérito no se vean anulados por circunstancias de origen socioeconómico.

Ahora bien, ¿puede compaginarse una política que persiga la igualdad básica en educación con las exigencias, también básicas, que se derivan del principio de libertad?

Libertad, igualdad y educación: ¿Valores antinómicos?

Si algún principio parece ocupar hoy una situación subordinada, ése es el principio de igualdad. La igualdad, uno de los puntos fuertes del pensamiento político occidental, es hoy un concepto débil, desactivado:

> "Actualmente, sobre la igualdad solemos callarnos, ¿pero qué significa la palabra libertad, si la igualdad de los que deben ser libres no está garantizada? ¿Qué significa ser libre allí donde las desigualdades en poder, prestigio, privilegio, bienes, impiden de hecho que la libertad se ejerza por todos en el mismo grado?"
>
> (VALCÁRCEL, 1993, pág. 10.)

Lo que nuestro legado histórico nos dice, en cambio, es que somos herederos de una doble tradición, que se corresponde con el principio de libertad, en que se asienta el liberalismo político, y con el de igualdad, que nutre la democracia moderna. Ambos principios constituyen el nervio central de las sociedades europeas actuales.

Dentro de la tradición liberal ocupan un lugar preferente valores tan considerables como la secularización de la vida política, con la consecuente separación de la Iglesia y del Estado; la moralización y el control del poder del Estado, gracias a la división de poderes y la realización del imperio de la ley; la defensa de la dignidad de la persona mediante un núcleo de derechos que protegen las libertades civiles. En la tradición democrática, por otro lado, siguen teniendo relevancia valores tan fundamentales como: el sufragio universal pleno, base de la soberanía popular; el gobierno de las mayorías, y su inexcusable correlato de respeto a las minorías; y, sobre todo, las virtualidades propias del principio de ciudadanía, en gran parte basadas en la libertad de asociación. Liberalismo y democracia, separados durante tanto tiempo, han terminado confluyendo en nuestro siglo xx, no sin enormes resistencias y sin que pueda decirse en ningún momento que tal confluencia esté garantizada para siempre. Por tanto, plantear el binomio igualdad-libertad como principios irreconciliables no se corresponde con el estadio actual alcanzado por la conciencia europea.

Hay que conciliar, pues, las exigencias de la libertad con las de la igualdad. Sin embargo, el problema no es fácil. Sabemos que la lectura que derecha e izquierda hacen de los principios de libertad e igualdad tienden a enfrentarse democráticamente por el distinto énfasis que ponen en ello y por los distintos valores que subyacen en esa dualidad. Ambas lecturas, ambas aplicaciones al caso concreto son legítimas, siempre que no se infrinja el contenido esencial de los derechos derivados de estos principios. Respetar el contenido esencial de ese conjunto de derechos y libertades es la clave de la solución y, también, el hilo frágil que suele romperse cuando se concede interés a uno de los dos principios, relegando *de facto* o *de iure* el otro:

> "El derecho a las libertades individuales es una trampa si dejamos de preocuparnos por la igualdad [...]. No es posible separar la libertad de la igualdad. El error de las teorías neoliberales está en pensar que sí lo es [...]. Es cierto que hace falta un buen número de libertades negativas para poder ejercer *positivamente* la libertad. Pero esa condición no es suficiente. Sin educación, sin salud, sin trabajo, sin todo aquello que hace de una persona una persona normal, la libertad es un adorno casi inútil".
>
> (CAMPS, 1994, pág. 17.)

Aceptar limpiamente estas reglas del juego político democrático es, sin duda, una tarea difícil; propia, como dice nuestro preámbulo constitucional, de una sociedad democrática avanzada. Estamos ante un equilibrio de derechos siempre frágil que exige el esfuerzo de todas las fuerzas políticas y sociales. La tentación para la izquierda estriba en imponer a la igualdad y minusvalorar los contenidos básicos de la libertad. La tentación para la derecha consiste en relegar al reino de las sombras los contenidos básicos de la igualdad y centrarse sólo en el principio de libertad. El camino arduo, pero seguro, consiste en arbitrar políticas integradoras que apliquen la libertad y la igualdad para todos.

© Ediciones Morata, S. L.

CAPÍTULO V

El problema de la escuela comprensiva o integrada

Vivimos ya en la sociedad del conocimiento, una sociedad en la que el acceso a la educación es la única vía que proporciona los conocimientos necesarios para la vida. Para hacer frente a los retos de esta nueva sociedad, hay que suministrar a toda la población una formación general que permita a la infancia y a la adolescencia desarrollar competencias y habilidades básicas, así como dotarse de un bagaje cultural mínimo para poder adaptarse al cambio constante en que va a desenvolverse la sociedad del siglo XXI. Esa formación general es una necesidad social y una exigencia de justicia. El Estado de bienestar, que vio nacer en su seno el principio de la educación para todos, emprendió en la segunda mitad del siglo XX la tarea de hacer efectiva esa formación general, hoy más necesaria que nunca. Nació así la escuela comprensiva, sujeta hoy a múltiples turbulencias y polémicas, cuyo exacto sentido sólo puede ser comprendido si analizamos la comprensividad en el contexto histórico que la hizo posible y la comparamos con la situación actual, definida por nuevos retos e insuficiencias.

El largo camino hacia la comprensividad

La Revolución francesa es un hito fundamental de la historia contemporánea que anuncia el nacimiento de los llamados sistemas educativos nacionales. Frente a la situación de la educación en el Antiguo Régimen, caracterizada por la yuxtaposición de instituciones educativas que formaban en realidad un mosaico escolar, desigual e informe, aparece la idea de un sistema que articula la enseñanza en tres niveles distintos —Primaria, Secundaria y Superior— y que implanta un currículum sistemático y homogéneo para cada uno de esos niveles. Es la hora en que los revolucionarios planean construir un sistema educativo basado en los siguientes requisitos mínimos:

a) la educación debe integrarse en un sistema, que será público, es decir, abierto a toda la población;
b) el nuevo sistema debe estar atento a las necesidades de la sociedad, no de las Iglesias;
c) el sistema educativo que nace será organizado y supervisado por el Estado.

Ahora bien, más allá de este consenso básico, todo son discrepancias y conflictos ideológicos (lo prueba la multiplicidad de proyectos de educación que debatirán las asambleas revolucionarias de Francia a lo largo del decenio). Sin embargo, y aun siendo conscientes de que el legado de la Revolución francesa es extraordinariamente rico y complejo en materia de educación, podemos destacar, sin simplificar demasiado, la existencia de dos concepciones diferentes de la educación pública, ambas llamadas a ejercer una extraordinaria influencia en los siglos siguientes.

Como vimos someramente en el capítulo anterior, la primera concepción aparece consagrada en la Constitución de 1791, acontecimiento que sella la fase liberal de la Revolución. En el Título I de ese texto constitucional, dedicado a las garantías de los derechos y libertades públicas, se dice: "Se creará y organizará una instrucción pública, común a todos los ciudadanos, que será gratuita respecto de aquellas partes de la enseñanza indispensables a todos los hombres [...]". (DIGUIT, 1952, págs. 4-5). Es decir, la Constitución garantiza la creación de un sistema público de enseñanza, abierto a todos los ciudadanos, pero cuya gratuidad se limita sólo a la educación elemental, que es la que se considera necesaria para toda la población. La Constitución de 1791 representa, de esta forma, la carta de nacimiento del sistema educativo liberal, una organización de la instrucción en la que subyace una estructura bipolar, caracterizada por la existencia de dos grandes tramos de enseñanza: Instrucción Primaria para las clases populares, gratuita por tanto; Instrucción Secundaria y Superior para las élites de la sociedad, y por consiguiente onerosa. Es la concepción que triunfa en el siglo XIX y buena parte del XX. Representa, es cierto, un gran avance sobre el Antiguo Régimen porque reivindica una instrucción primaria para toda la población, antes totalmente marginada y analfabeta, pero, por otra parte, lleva en su seno una gran discriminación: esa instrucción primaria no tiene conexión con el resto del sistema educativo, es un compartimento estanco que no conduce a ninguna parte, es un techo que las clases populares no pueden transpasar.

Dentro de la fase liberal, debe reseñarse también el proyecto girondino de Constitución, antecedido por una nueva declaración de derechos en la que la igualdad, excluida parcialmente de la declaración canónica de 1789, forma ahora parte del catálogo de los derechos del hombre: "Los derechos naturales, civiles y políticos de los hombres son la libertad, *la igualdad*, la seguridad, la propiedad, la garantía social y la resistencia a la opresión" (Art. 1.º). Sin embargo, la aplicación de la igualdad a la educación quedaba restringida sólo a la primera enseñanza: "La *instrucción elemental* es una necesidad de todos, y la sociedad la debe igualmente a todos sus miembros" (Art. 23), (Duguit, 1952, págs. 34 y 35; las cursivas son mías).

A la etapa liberal de la Revolución le sucedió otra de carácter democrático, que con todas las dramáticas contradicciones de sus principales impulsores, los jacobinos, no dejó de tener como meta un sistema educativo diferente. Obra de los jacobinos fue la Constitución de 1793, precedida de una nueva declaración de los derechos del hombre y del ciudadano que subsanaba también la omisión parcial de la igualdad de la primera declaración, la de 1789, señalando como derechos naturales e imprescriptibles "la *igualdad*, la libertad, la seguridad y la propiedad" (art. 2.º) y especificando que "todos los hombres son *iguales por naturaleza* y ante la ley" (art. 3.º). Este énfasis puesto sobre la igualdad básica de los seres humanos —situada ahora en el primer lugar— se manifestará también en el tratamiento que se hará de la educación, regulada en el Artículo 22 de la nueva declaración de derechos: "*La instrucción es una necesidad para todos*. La sociedad debe favorecer con todo su poder los progresos de la razón pública y colocar la instrucción al alcance de todos los ciudadanos" (Duguit, 1952, págs. 62 y 110; las cursivas son obviamente mías). La diferencia es importante respecto a la etapa anterior, e incluso respecto de la concepción girondina: es la instrucción a secas la que ahora resulta necesaria a todos y, por eso mismo, debe facilitarse a todos los ciudadanos. Es, en rigor, el antecedente moderno del derecho a la educación, que, como sabemos, hunde sus raíces en el principio de igualdad.

Esta proclamación no quedó en pura retórica, sino que se intentó llevar a la práctica. De inspiración netamente jacobina fue el plan de 15 de septiembre de 1793, aprobado sucesivamente por las secciones de París, la Comuna, el Departamento, el Club jacobino y la misma Convención. En dicho Plan de instrucción, además de la Primaria, se regulaban tres niveles educativos, uno para artesanos y obreros, otro para ciertas profesiones menores y un tercero para los talentos más dotados (que accederían a las enseñanzas Secundaria y Superior). Dicho plan suponía una instrucción básica para todos y un derecho a cursar los demás niveles de acuerdo con el principio de capacidad, estableciéndose la posibilidad de pasar de un nivel a otro (PALMER, 1985). Este plan, anónimo, posiblemente por el procedimiento colectivo de elaboración, cayó pronto en el olvido, pero, aunque la derrota de los jacobinos relegó durante mucho tiempo esta concepción al silencio, emergió con fuerza en la segunda mitad del siglo XX de mano de los derechos sociales.

Sin embargo, —esta concepción, unida a una cosmovisión democrática de la existencia pero también uncida al carro trágico de los jacobinos—, se malogró prontamente. El fracaso de los jacobinos se llevó por delante la modernísima concepción de la educación como un derecho del ciudadano, un derecho al que se accede por el puro hecho de ser miembro de la comunidad política en la que uno nace. Incluso no deja de sorprender que se matizara este derecho adjudicando a todos la formación básica y aplicando los principios de capacidad y mérito para las etapas posteriores. Habrá que esperar algo más de siglo y medio, concretamente a la Segunda Posguerra Mundial, para que el derecho a la educación fuera considerado un derecho social y para que se democratizara el sistema educativo en toda Europa.

Mientras tanto, el sistema educativo se regirá por la ley de hierro de su estructura bipolar. Es cierto que el sistema educativo liberal, bajo la presión de fuerzas sociales y políticas impulsadas por el principio de igualdad, verá crecer de modo constante la Instrucción Primaria. Así, en la mayoría de los países europeos se establecerá a lo largo del siglo XIX la escolarización obligatoria y se producirá un notable desarrollo curricular de la Primera Enseñanza. El currículum básico, referido a la instrucción primaria, crecerá en extensión y en intensidad. En España, por ejemplo, el primitivo currículum que se cursaba en tres años según la vieja ley Moyano de 1857, pasará, a principios del siglo XX, a seis años de duración, y, pronto, en los años veinte de ese siglo, a ocho años. Crecerá también en intensidad: de un currículum sencillo, basado en las cuatro reglas y en los rudimentos de la lectura y la escritura, se pasará en 1901 a un currículum enciclopédico.

No obstante, el problema, consustancial al régimen liberal, seguirá en pie, ya que ese currículum extenso e intenso, obligatorio y gratuito, seguirá sin conectar con el resto de los niveles educativos clásicos. Para paliar esta notable desigualdad de oportunidades, los diversos sistemas europeos introducirán otro tipo de escuela a la que se podrá acudir desde la misma Enseñanza Primaria: la *modern secondary school* en el Reino Unido, la *Hauptschule* en Alemania, el *collège d'enseignement tecnique* en Francia o la formación profesional en España (FERNÁNDEZ ENGUITA, 1990, pág.11). Pero la estructura bipolar de los sistemas educativos europeos permanecerá intacta; más aún, la segregación que suponía la existencia de estas nuevas enseñanzas era patente: afectaba siempre a los mismos destinatarios, esto es, a las clases populares. Por el contrario, la *grammar school* inglesa, el *gymnasium* alemán, el *lycée* francés o el instituto español se reservaban para los estratos medios y superiores de la sociedad, que, a su vez, se abastecían de escuelas elementales distintas que preparaban para el ingreso en esas instituciones educativas.

Sólo con la aparición del Estado de bienestar en la Segunda Posguerra Mundial fue posible que la tendencia iniciada en 1793 se hiciera realidad, consolidándose la educación como un derecho fundamental, como un derecho social de contenido prestacional que exigía la intervención del Estado, presionando de tal modo sobre la estructura bipolar de los sistemas educativos que ésta, finalmente, saltará por los aires en la mayor parte de los países de la Europa occidental. Alcanzada ya la universalización de la educación primaria en los principales países europeos, la ruptura de la estructura bipolar supuso principalmente la apertura de la educación secundaria a las clases populares, implantándose de este modo una educación común a todo el alumnado: ya no se realizará una selección temprana a la edad de 10 u 11 años, sino que toda la población tendrá una sola vía de educación básica de amplia duración, que subsumirá parte de la vieja educación secundaria —la llamada enseñanza secundaria inferior u obligatoria—, accediendo todos los alumnos a unos mismos centros, con los mismos profesores y con el mismo currículum (aspecto éste último que habrá que matizar y sobre el que tendremos que volver).

Nace de este modo la escuela comprensiva, integrada o polivalente. Aparece en los años cincuenta en Suecia y en los sesenta en el Reino Unido, extendiéndose con extraordinario empuje por los demás países europeos, salvo excepciones relevantes como Alemania, Austria o Países Bajos. Es ahora cuando se ponen de manifiesto las desigualdades sociales de origen: no todos los alumnos disponen *ab initio* del mismo capital cultural para acceder a la educación. El currículum común, al tratar de hacer efectiva una política orientada a expulsar de la escuela la reproducción de las desigualdades sociales y educativas, se enfrentó a innegables dificultades y deficiencias. La búsqueda de una cultura común para toda la población, la aspiración a dar una formación básica y general a todos los alumnos, la inclusión de unos contenidos y no de

© Ediciones Morata, S. L.

otros, la clasificación de unas materias como comunes y otras como optativas, la necesidad de compaginar los intereses de todos los estudiantes con sus particularidades individuales, son problemas que permanecen aún, sin duda porque son consecuencia de nuevas variables a las que los poderes públicos deben de hacer frente: una nueva distribución del conocimiento, unos nuevos destinatarios y unos nuevos objetivos políticos y sociales.

Éstos son los problemas que tenemos en el momento actual. La educación básica de principios del siglo XIX, que pretendía dar unos conocimientos muy rudimentarios, aunque indispensables para todos los hombres —leer, escribir y contar—, se ha extendido considerablemente en duración y contenido. Por una parte, de tres o cuatro años de escolarización se ha pasado a un promedio de diez años, habiendo países de la Unión Europea que lo sitúan en doce —desde los 6 hasta los 18 años—; por otra parte, el currículum de esta etapa aspira hoy a transmitir una formación básica o general extraordinariamente compleja, consistente en todos los elementos que se consideran necesarios para que los alumnos, al salir de la escolaridad obligatoria, puedan hacer frente a los retos que la sociedad actual les plantea. El instrumento que la mayoría de los países europeos forjaron para suministrar esta formación general extensa e intensa fue, como hemos visto, la escuela comprensiva.

Formación general, comprensividad y equidad

Formación general y comprensividad son conceptos distintos. La formación general tiene que ver con los fines de la educación en una etapa de la vida del hombre —hoy, la infancia y la adolescencia—, mientras que la comprensividad es una forma de organización escolar que tiene que ver fundamentalmente con la aplicación de los principios de igualdad y equidad social a la escolarización obligatoria. Si en la Segunda Posguerra Mundial ambos conceptos terminaron entrecruzados es porque la conciencia moral del mundo occidental, o al menos parte de ella, consideró que la mejor forma de ofrecer a niños y adolescentes una formación general que respetara las exigencias básicas del principio de igualdad era la escuela comprensiva.

No obstante, permanece un problema sustancial: ¿qué saberes, qué capacidades, qué competencias hay que desarrollar hoy para que se considere cumplido el fin de la formación general? El problema aparece, pues, cuando tenemos que identificar el currículum de esa formación general. Dada la extraordinaria complejidad de las sociedades europeas, democráticas, posindustriales y postmodernas, parece claro que la formación general tiene que ofrecer una cultura mínima, común a todos los ciudadanos, que les faculte para conseguir su plena autonomía. En este sentido, la formación general no se agota en la transmisión de conocimientos, aunque los presuponga, sino que abarca sobre todo el desarrollo de las diferentes capacidades de aprendizaje. Desde esta perspectiva, sigue siendo fundamental el desarrollo de la capacidad lógico-lingüística y lógico-matemática, acorde con las exigencias actuales. En el primer caso, se trata de que el sujeto aprenda los códigos lingüísticos que hoy resultan imprescindibles, aquellos que facilitan la capacidad de comunicación —lengua materna, conocimiento básico de una lengua extranjera y manejo solvente del lenguaje informático como futuro usuario—; en el segundo caso, hay que desplegar la capacidad de abstracción del alumno a través de la matemática básica: sólo el desarrollo de esta capacidad permitirá la adaptación al cambio constante, que es uno de los signos más evidentes de nuestro tiempo. A ello hay que sumar el conocimiento elemental de los saberes acerca del hombre mismo y de su relación con los demás y con la naturaleza. Finalmente, no debemos cultivar sólo la inteligencia, también hay que cuidar la educación del cuerpo y de la sensibilidad.

Por otra parte, la escuela es hoy una fuente primordial de socialización y de formación de ciudadanos. Lo es por muchas razones: entre ellas la creciente deserción de la familia. De ahí que la formación general deba ocuparse de los valores que la generación adulta considera imprescindibles para asegurar la continuidad de la comunidad política y social en la que se nace y en la que se vive.

Por todo ello, se comprenderá que la Formación General ocupe hoy en los sistemas educativos occidentales un espacio cada vez mayor, hasta el punto que no es desatinado pensar que la Formación General acabe en un futuro no muy lejano subsumiendo incluso al mismo Bachillerato. De esta forma, se cumpliría el pensamiento humboldtiano, formulado hace dos siglos: no hay más que dos grandes etapas en la vida de los niños y los jóvenes, la formación general y la formación para el ejercicio de una profesión, sea ésta de nivel medio, superior o universitario. Siguiendo a HUMBOLDT, diríamos que la Formación General termina cuando el individuo está capacitado para aprender por sí mismo (en el lenguaje actual, diríamos que ha aprendido a aprender); la otra gran etapa, consumada la anterior, permitiría a los jóvenes estudiar con ciertas garantías las artes, conocimientos o habilidades de una profesión, adecuadamente orientados por los que poseen el dominio de ésta. En España, ésta fue también la concepción pedagógica de GINER DE LOS RÍOS y de la *Institución Libre de Enseñanza*:

© Ediciones Morata, S. L.

> "Parece que cada día va reconociéndose más y más que en la educación humana no hay sino dos esferas: a) la Educación General para formar al hombre como tal hombre en la unidad y armonía de todas sus fuerzas; b) la Educación Especial o Profesional, que lo prepara para el desempeño de una función social determinada, según su vocación, aptitud y demás condiciones naturales y sociales de su vida individual".
>
> (Giner, 1927, tomo XVII, pág. 161.)

Recordando ahora a otro clásico, podríamos decir también que la Formación General cumple su función cuando el individuo está en condiciones de desarrollar su propia autonomía y evitar la dependencia de otro. Como es sabido, Condorcet asignó a la instrucción elemental un triple objetivo: que el pueblo llano aprendiera a conducirse por su propia razón, a conocer todo lo que necesitaba para su trabajo y a alcanzar la plena autonomía de su personalidad. En definitiva, se trataba de evitar una dependencia forzosa, impedir que los seres humanos pusieran su vida, por ignorancia, en manos de otro. Es lo que Condorcet llamó la "Igualdad de instrucción". Es, sin duda, el mismo espíritu que animó el movimiento de la escuela comprensiva:

> "La igualdad de instrucción que se puede esperar alcanzar, pero que debe también bastar, es la que excluye toda dependencia, forzada o voluntaria. [...] Haremos ver que por una feliz elección de los conocimientos mismos y de los métodos de enseñarlos se puede instruir a la masa entera de un pueblo de todo lo que cada hombre tiene derecho a saber para la economía doméstica, para la administración de sus negocios, para el libre desenvolvimiento de su industria y de sus facultades y para conocer sus derechos, defenderlos y ejercerlos [...]".
>
> (Condorcet, 1921, Tomo II, pág. 18.)

Como hay pocas cosas en nuestro mundo realmente nuevas, esta concepción de la educación como instrumento que excluye toda dependencia se refleja hoy en el pensamiento republicano y en su idea de "igual libertad para todos", es decir, en la idea de no dominación. En este marco, el pensamiento republicano es consciente de que las competencias básicas no se limitan hoy a saber leer, escribir, contar, hablar bien una lengua y conocer los derechos y obligaciones civiles, sino que, en la sociedad del conocimiento, resulta imprescindible

> "[...] saber matemáticas elementales, tener acceso a información sobre cosas tales como oportunidades de trabajo, asistencia médica, servicios de transportes [...] Y para actuar apropiadamente en esta sociedad necesitan ustedes también averiguar y afirmar sus derechos legales al tratar con la policía, con la escuela de sus hijos, o con su mismo consorte; saber dónde

pueden depositar su dinero y cómo usar los servicios de crédito; y tener los medios para circular por su medio local y proporcionarse a ustedes mismos oportunidades de trabajo y de ocio. A medida que la sociedad se ha hecho más compleja, y a medida que las demandas de una vida social próspera se han multiplicado, también ha subido el nivel de lo que se considera necesario para garantizar el acceso a una calidad de vida decente".

(PETTIT, 1999, págs. 208–209.)

La escuela comprensiva, en el marco ya descrito, nació unida indisolublemente a la concepción de la educación como derecho social y a la aplicación del principio de igualdad en este campo. Ahora bien, las exigencias del principio de igualdad en la educación se revelaron pronto de carácter múltiple.

En primer lugar, como ya se apuntó en el capítulo anterior, la igualdad significaba entonces, y ahora, igualdad de acceso de *todos* a la formación general o educación básica, obligatoria y gratuita, lo que implicaba tener en cuenta las desigualdades de origen de carácter familiar, social o étnico. Es decir, era preciso garantizar la igualdad de condiciones, o igualdad de *partida,* para que efectivamente toda la población escolar tuviera iguales oportunidades. Para ello, para combatir las desigualdades derivadas del distinto capital cultural que los niños llevaban consigo al ingresar en la escuela, era preciso preparar el camino desde la Educación Infantil, prosiguiendo en la Primaria y continuando con la Secundaria Obligatoria.

En segundo lugar, la escuela comprensiva, por su propia naturaleza, se propuso uno de los fines más polémicos en la actualidad: la igualdad de resultados. ¿Cómo hacer compatible esta meta con la desigualdad natural, real, de talentos, motivaciones y capacidades de aprendizaje? Obviamente, los teóricos de la escuela comprensiva no desconocían la diversidad real de los seres humanos (tampoco la derivada de la desigualdad social). En efecto, la igualdad de resultados no significó nunca, en la teoría de este movimiento pedagógico y social, la igualdad de rendimientos escolares, con que es frecuentemente asociada, sino la igualdad de resultados *básicos*, es decir, la adquisición de unos aprendizajes relevantes que constituyen la sustancia de la formación general, lo que pronto se definiría como el tronco común, o materias generales de esta etapa formativa. La igualdad de resultados básicos se alcanza, pues, si todos los alumnos, o al menos un porcentaje sumamente elevado, supera los objetivos señalados.

Había, además, otro elemento al que se le asignaba la misión de facilitar y garantizar la diversidad: la optatividad. Contrariamente a los que todo un sector de opinión se ha empeñado en mantener, la comprensividad encierra en sí, tanto en la teoría como en la práctica, la atención a la diversidad.

© Ediciones Morata, S. L.

Comprensividad y atención a la diversidad

Las fuerzas conservadoras no formularon, en términos generales, una crítica frontal a las aplicaciones del principio de igualdad. No hubo un rechazo directo de las exigencias de la igualdad en educación, sino una denuncia práctica: la escuela comprensiva baja el rendimiento escolar del sistema educativo. Aunque no ha habido hasta el momento evidencia empírica alguna de que, en términos de logro escolar, los alumnos de las escuelas comprensivas tuvieran unos índices de rendimiento inferiores a los de las escuelas diversificadas —fieles a la estructura bipolar—, la crítica se ha mantenido hasta la actualidad. Entre nosotros, por ejemplo, fue muy significativo el informe efectuado por el Instituto Nacional de Calidad y Evaluación (INCE) en 1997 sobre los alumnos del tramo de edad 14-16, los años más conflictivos en la escuela comprensiva. El citado informe concluyó diciendo literalmente que "no hay razones para decir que el rendimiento ha empeorado tras la aplicación de la LOGSE, pero tampoco las hay para decir que ha mejorado" (INCE, 1997, pág. 148). Esto es así porque la enseñanza comprensiva, por su propia naturaleza, no busca el rendimiento escolar —tampoco lo elude—, ya que es un instrumento didáctico y organizativo pensado para mejorar, no la calidad de la educación, sino la aplicación del principio de igualdad (la calidad, es obvio, hay que mejorarla por otros medios).

Justamente esa será la crítica que, durante muchos años, realizará una parte de la izquierda política: la escuela comprensiva no ha compensado sustancialmente el impacto negativo de las desigualdades sociales. Quizá hay aquí un error de apreciación, derivado de la excesiva confianza que después de la Segunda Posguerra Mundial se puso en la escuela. Los hechos han demostrado que la escuela no puede erradicar por sí misma la desigualdad social —ésta sólo puede ser combatida por las políticas económicas y sociales—, pero puede al menos contribuir a no reproducir las desigualdades sociales en el mismo sistema educativo, amortiguándolas, evitando la discriminación escolar por razones familiares, de sexo, sociales o étnicas. Aun así, parte de la izquierda europea insiste hoy en que la escuela comprensiva, sobre todo en aquellos países que han incorporado itinerarios curriculares distintos o incluso han adoptado una opcionalidad que condiciona el destino escolar de los que de una manera u otra se ven obligados a seguirla, puede enmascarar la segregación en un marco formal de aparente igualdad de oportunidades. Sin duda, los problemas de la comprensividad siguen siendo hoy complejos, en buena parte por la dificultad grande que supone querer extender a *toda* la población escolar una formación general acorde con el principio de igualdad. Pero, sin desconocer tales problemas, y reconociendo las dificultades y resistencias encontradas, justo es también señalar algunos logros:

> "Aunque los sistemas educativos siguen desempeñando su función de contribuir a la reproducción de una sociedad desigual y jerarquizada, sin duda los cambios acaecidos no han dejado de tener consecuencias.
> Al calor de las reformas comprensivas, nuevas generaciones de futuros trabajadores han accedido a una educación más prolongada, menos directamente enfocada hacia el trabajo subordinado y rutinario, más libre y creativa [...]".
> (FERNÁNDEZ ENGUITA, 1990, pág. 23.)

Algunas de las críticas formuladas tienen razón, por lo que debería procederse a revisar la aplicación de algunos de sus principios fundamentales. Otras, en cambio, parten de criterios tradicionales de evaluación y rendimiento, "con lo cual quedan fuera muchas de las dimensiones que pretende la escuela comprensiva, que no es sólo una renovación de métodos con lo que enseñar las mismas cosas, sino un cambio en los contenidos, en las prioridades, en las áreas a desarrollar" (FERRANDIS, 1988, págs. 45-46). Otras, finalmente, desconocen la enorme inercia que los sistemas educativos oponen a cualquier pretensión de cambio sustancial. Sin embargo, de todo este conjunto de críticas hay una que se empeña en situar a la comprensividad en los antípodas de la diversidad, en presentarla como una "escuela única" que aplica un currículum uniforme para todos los alumnos. Con independencia de las desviaciones producidas en la práctica escolar, que obviamente deben ser corregidas, esta crítica no es compatible con la verdadera naturaleza de la comprensividad. La diversidad es consustancial con la comprensividad desde su propio nacimiento. La opcionalidad fue precisamente el medio elegido por los teóricos de la escuela comprensiva para hacer frente a la diversidad *in genere* que presentan los alumnos, sobre todo en los últimos años de la escolaridad obligatoria. Lo que ha ocurrido con frecuencia es que la opcionalidad, o bien ha sido totalmente insuficiente, o bien ha encubierto itinerarios a los que, de una u otra forma, han sido destinados ciertos alumnos.

Por otra parte, la opcionalidad de la escuela comprensiva, para cumplir con sus fines y atender a la diversidad, necesita de unos requisitos mínimos sin los cuales no es posible: *en primer lugar*, el tamaño de los centros tiene que ser mediano o bastante grande, a fin de que sinérgicamente se pueda ofrecer un amplio abanico de opciones; *en segundo lugar*, requiere espacios escolares adecuados, que permitan el desdoblamiento de aulas en determinadas materias, así como la diversificación curricular, lo que significa remodelación de los centros o creación de escuelas nuevas; *finalmente*, exige una amplia flexibilidad en la organización de los centros y una notable autonomía pedagógica de los equipos docentes. Es decir, la escuela comprensiva necesita recursos de diversa índole: didácticos, docentes, arquitectónicos, financieros. La pregunta que surge inevitable es ésta: ¿se pueden exigir buenos resultados a la escuela comprensiva si no se le suministran los recursos que su propia naturaleza demanda? Se puede replicar entonces que la comprensividad es cara. Sin duda, pero ése es el precio que hay que pagar justamente para impartir una formación general a *todos* los alumnos. No es sólo un modelo escolar lo que está en juego, es también un modelo de sociedad, integrado, o no, por futuros ciudadanos libres, iguales y dotados de autonomía crítica.

Finalmente, hoy existe otro problema, ciertamente acuciante, el de la diversidad de las culturas. Las relaciones dinámicas de la escuela con su propio público se han vuelto en nuestros días más complejas como consecuencia de que, en las sociedades occidentales, los sistemas escolares tienen que tener en cuenta no sólo la diversidad de intereses y capacidades de los alumnos, sino también la diversidad de las culturas presentes en las aulas, con la particularidad de que cuando hablamos de culturas no manejamos un término unívoco sino multívoco.

Pocos conceptos hay que se presten más que éste a la confusión. En primer lugar, habría que deslindar el término cultura de la voz civilización, cuestión que ha dado lugar a miles de páginas que, sin embargo, no han bastado para obtener un consenso generalizado en torno a tal distinción (aunque la mayoría se incline por considerar que la palabra civilización se refiere al progreso material —científico y técnico, también artístico—, mientras que la voz cultura alude más a los valores, tradiciones, modos de pensar y de vivir, etc.).

Aun cuando hubiera acuerdo sobre la voz cultura, pronto se desharía ante la multiplicidad de significados que cabe atribuirlo: cultura como sinónimo de legado histórico de un pueblo o conjunto de pueblos —por ejemplo, la cultura occidental—; cultura nacional como signo de identidad de una comunidad concreta y específica; cultura cosmopolita como portadora de valores abiertos a todas las culturas; culturas inmigrantes que acompañan a los individuos en su marcha forzada a otros territorios, etc. Dada la debilidad de las ciencias sociales y su incapacidad para albergar un conjunto de categorías y conceptos aceptados por todos, nos vemos obligados a señalar de qué concepto de cultura partimos. Examinadas las diferentes acepciones de que es susceptible el término, nos parece que todas ellas tienen un referente común de claro significado antropológico: todas ellas aluden a un conjunto de valores, símbolos y pautas de comportamiento que singularizan a un grupo humano. Este será, pues, el concepto de cultura del que partamos.

Ciertamente, la posición hacia las culturas varía con el transcurso del tiempo. Así, el Estado liberal aspiró desde su nacimiento a que el Sistema Educativo transmitiera la cultura nacional a todos los futuros ciudadanos, siendo la escuela un instrumento uniformador, una herramienta de la que se servía el Estado liberal para homogeneizar e integrar. El problema apareció en la segunda mitad del siglo XX, cuando el marco de referencia para los sistemas educativos —transmitir la identidad nacional— se desdibujó como consecuencia de la existencia en su seno de diversas culturas, transportadas por la inmigración. A finales del siglo XX, la presencia de culturas distintas en los países más desarrollados es un hecho plenamente constatable.

CASTELLS, por ejemplo, nos da el siguiente dato, ilustrativo de la situación actual: "el Informe sobre Desarrollo Humano del PNUD [Programa de las Naciones Unidas sobre el Desarrollo] calculaba que, en 1999, había en todo el mundo entre 130 y 145 millones de trabajadores inmigrantes ilegales, frente a los 84 millones de 1975" (2000, pág. 288); si tenemos en cuenta la inmigración legal, probablemente podemos decir que en veinticinco años el número de inmigrantes se ha duplicado, concentrándose esa inmensa masa de trabajadores extranjeros tanto en la Unión Europea como en los Estados Unidos. Obviamente, con cada inmigrante viaja también su cultura.

Tres han sido las respuestas que los sistemas educativos han ofrecido hasta el momento al problema de la diversidad cultural: el modelo tradicional de asimilación, que busca la integración del inmigrante mediante la renuncia, implícita o explícita, a su propia cultura (es un modelo homogeneizador y uniformador que, como tal, produce una política de imposición que niega la diferencia, la diversidad); un modelo más actual, que parte del conocimiento y del respeto del otro, afirmando el derecho de las culturas a existir dentro de la sociedad de acogida (este modelo produce una política multicultural que reconoce la necesidad de preservar la integridad cultural de los diversos pueblos); finalmente, un modelo que busca la convivencia y la interacción entre las diversas culturas, promoviendo la hibridación y el mestizaje de las culturas (es un modelo que produce políticas interculturales).

En realidad, salvo los modelos cerrados basados en la asimilación —impuesta por la cultura dominante—, la cuestión se centra hoy en la dicotomía que presentan los modelos multiculturales e interculturales. Es cierto que no resulta fácil a veces identificar ambos modelos. Podríamos decir, por ejemplo, que hay tantos modelos multiculturales como autores, pudiendo apreciarse todo un arco de posiciones que van desde

© Ediciones Morata, S. L.

una visión extrema del multiculturalismo, cuya aspiración a preservar las identidades podría llevar a la constitución de auténticos guetos culturales, hasta aquellos que reconocen la necesidad de conciliar la diversidad con la integración, lo que, a la larga, podría conducir a un modelo intercultural.

El peligro del multiculturalismo reside en que, llevado a sus últimas consecuencias, puede producir una fragmentación de la sociedad en múltiples grupos culturales, con la consiguiente reacción hostil de la comunidad receptora. Probablemente tenga razón SARTORI, en un libro sin duda políticamente incorrecto, cuando afirma que los partidarios del multiculturalismo hacen bien en defender la política del reconocimiento, pero "olvidan precisar que un contexto pluralista postula un reconocimiento *recíproco*" (2001, pág. 33; la cursiva es del autor). Nos parece que es justamente esta actitud de reconocimiento y concesiones recíprocas la que hace posible una sociedad pluralista, abierta y en justa convivencia, en los antípodas de una sociedad compuesta de grupos estancos, cerrados y homogéneos, sin puentes ni posibilidad de convivencia. Posiblemente el índice más expresivo de una u otra sociedad sería el número de matrimonios mixtos.

Una posición basada en el pluralismo, que acepte la diversidad cultural pero también reclame la asunción o el respeto de los valores básicos de la sociedad de acogida, supone en la práctica un diálogo intercultural, "donde cada cultura asume el riesgo del cambio". Una sociedad verdaderamente democrática es siempre una sociedad pluricultural, "ya que a partir de ahora resultará mucho más difícil imaginar una sociedad plenamente democrática y a la vez defensora de un único esquema cultural, puesto que ello siempre conlleva la marginación de otros esquemas culturales" (MARTÍNEZ y BUJONS, 2001, pág. 148).

La polémica sobre el multiculturalismo no es puramente intelectual ni puede dejar indiferente a la propia escuela. De aceptarse un modelo basado en el pluralismo cultural, tampoco es indiferente la adopción de un modelo comprensivo de escuela, basado en la necesidad de impartir una cultura común que al mismo tiempo respete la diversidad de intereses, capacidades y culturas, o un modelo de escuelas diversificadas o separadas, que casaría bien con una versión "dura" del multiculturalismo. A pesar de todas las dificultades a las que se enfrenta hoy la escuela comprensiva, es muy posible que este modelo siga siendo el medio idóneo para la transmisión de valores en contextos de diversidad cultural. Obviamente, pronunciarse por uno u otro modelo de escuela no es un problema técnico sino, sobre todo, una opción política.

CAPÍTULO VI

El problema de las reformas escolares

Las reformas escolares, a pesar de su constante presencia en nuestros días, son de difícil conceptualización, sin duda porque el mismo término se presta a confusión. No es fácil, incluso entre los diversos estudiosos, la delimitación entre reforma, cambio, innovación, mejora, etc.; no porque no se intente sino porque el logro de conceptos unívocos es, hoy por hoy, casi de imposible consecución en las ciencias sociales. Cada autor, en el mejor de los casos, nos ofrece su propio concepto, lo que resulta legítimo si con ello nos acerca a la realidad que deseamos comprender. En nuestra situación, nos atendremos a intentar explicar cuatro aspectos fundamentales: la complejidad conceptual de las reformas, el carácter de las reformas de la segunda mitad del siglo xx, las razones por las que en términos relativos las reformas fracasan y, finalmente, el sentido y alcance de las reformas actuales en el mundo occidental.

Complejidad de las reformas escolares

El término reforma tiene un contenido multívoco. Podríamos decir que su exacto sentido debe incluirse dentro del más amplio de cambio, aunque hay autores que prácticamente utilizan ambas voces como sinónimas, quizá porque las dos palabras hacen referencia a la necesidad de hacer frente a las constantes insuficiencias de la realidad humana, en este caso de la educación. Nuestra perspectiva, aun siendo conscientes de que el tema admite múltiples enfoques, será la de someter la reforma de los sis-

© Ediciones Morata, S. L.

temas escolares a una óptica política, poniendo el énfasis en los aspectos políticos de las reformas, diferenciándolas por ello de las innovaciones, que pueden surgir desde dentro, desde el interior de la escuela, y de los cambios, que, como veremos, suelen estar conectados con fenómenos dinámicos de mayor duración en el tiempo. Desde esta perspectiva, podríamos decir, siguiendo a PEDRÓ y PUIG (1988, pág. 44) que un análisis político de las reformas escolares supone considerar los siguientes aspectos:

a) el gobierno y la administración de los sistemas educativos.
b) la estructura de los sistemas educativos en niveles, etapas, ciclos o grados.
c) la financiación de los sistemas educativos, tanto en lo que respecta a la distribución de los recursos entre los diferentes niveles como en su aplicación, o no, a las escuelas privadas (subvenciones o conciertos).
d) el currículum, entendiendo como tal el conjunto de objetivos, contenidos, métodos y criterios de evaluación de cada uno de los niveles del sistema educativo.
e) la selección, formación y perfeccionamiento del profesorado.
f) la evaluación del propio sistema educativo.

Vista la variada gama de campos sobre los que inciden las reformas, resulta indudable que estamos ante un tema de trascendental importancia para los sistemas educativos. Sin embargo, las reformas escolares no son de hoy. Sin remontarnos a los tiempos de la Reforma protestante, en los que nace la moderna forma escolar (y con ella ese fenómeno tan singular de la Europa occidental que es la escolarización), las reformas van a estar presentes en los dos siglos que llenan la aparición de los llamados sistemas educativos nacionales. En efecto, durante los siglos XIX y XX se van a producir reformas estructurales y curriculares impulsadas por el poder del Estado y por las grandes leyes generales que conforman y modifican parcial o totalmente esos sistemas. Sin embargo, lo significativo, lo que va a caracterizar el período que transcurre desde la Segunda Guerra Mundial hasta la actualidad, es la aceleración insólita de las reformas, más aún la aparición de una política constante de reformas escolares.

En cierto modo, la historia de los sistemas educativos, a partir de la segunda mitad del siglo XX, se ha convertido en la narración de las reformas del propio sistema. Las explicaciones a este fenómeno han sido muchas y variadas, desde las que cargan el acento en el aspecto retórico o formal de las reformas —éstas serían verdaderas columnas de humo que ocultan la realidad, manteniendo a los diversos elementos del sistema educativo "ocupados" en vanas actividades supuestamente encaminadas a mejorar el sistema—, hasta los que opinan que las reformas escolares son un subproducto más del vasto cambio social y político a que están sometidas las sociedades modernas —las transformaciones económicas, sociales y culturales demandarían ellas mismas reformas en el sistema educativo—, sin que quepa olvidar a aquellos autores que consideran el sistema educativo plena o parcialmente autónomo; las reformas vendrían exigidas por la propia dinámica del sistema, con independencia de los condicionamientos económicos, sociales, culturales o políticos. Es obvio que, la realidad no obedece normalmente sólo a factores monistas, sino que es fruto de varias causas que se concatenan y se interrelacionan. Posiblemente, un enfoque múltiple nos permitirá comprender mejor la realidad.

Enfocado de esta manera el panorama de las reformas escolares, podemos partir de la tipología que PEDRÓ y PUIG realizan en función de las corrientes indicadas anteriormente, aportando al respecto algunas matizaciones. Podemos, pues, distinguir las siguientes clases de reformas:

- **Reformas meliorísticas**, producidas por un desajuste entre las necesidades de una sociedad concreta y la respuesta que ofrece el sistema educativo. En el fondo de esta concepción late una idea optimista que une reforma y progreso, conexión no siempre confirmada por la realidad. Son reformas que encajan bien con las teorías que predican cierta autonomía de los sistemas educativos.

- **Reformas convergentes**, fruto de un modelo internacional que los sistemas tienden a reproducir. Aquí podemos incluir desde las reformas que se mueven dentro de un sector supranacional orientado a homologar los sistemas educativos —por ejemplo, la Declaración de Bolonia de 1999 en relación con las Universidades de la Unión Europea—, hasta la influencia de la globalización que impone determinadas reformas en los países desarrollados, sin que quepa excluir la tendencia que algunos autores defienden de que nos encaminamos hacia un sistema mundial (con sus inevitables repercusiones en la educación).

- **Reformas dependientes**, que en cierto modo son una subclase de las anteriores, si bien se centran en los países subdesarrollados. Son reformas que surgen como consecuencia de los intereses de la globalización, esto es, del capitalismo transnacional, actuando de mediadores las agencias internacionales como el Fondo Monetario Internacional o el Banco Mundial, (mediante una política de préstamo estas grandes organizaciones imponen determinadas reformas, tales como la descentralización del sistema educativo o la privatización de la educación).

© Ediciones Morata, S. L.

- **Reformas dialécticas,** basadas fundamentalmente en la teoría del conflicto: las sociedades son inestables porque esconden en su seno inevitables conflictos, producto de valores antinómicos, intereses enfrentados, desigualdades sociales y desequilibrios de poder. Las reformas escolares serían un intento por amortiguar dichos conflictos, ocupando hoy un lugar importante en los países desarrollados los conflictos que presenta la diversidad de culturas en la escuela como consecuencia de la nueva ola de migraciones.

Ahora bien, esta tipología, que responde a la concepción weberiana de los tipos ideales, debe contrastarse con una contextualización histórica que supere las deficiencias propias de toda explicación lineal.

Las reformas escolares de la segunda mitad del siglo xx

La guerra que se inició en 1939 comenzó siendo un conflicto bélico de carácter europeo y terminó convirtiéndose en una Guerra Mundial. El historiador británico Hobsbawm ha señalado la diferencia entre las dos grandes guerras del siglo xx, pues mientras la primera "no resolvió nada" —más aún, la paz de Versalles preparó en realidad la segunda—, ésta "aportó soluciones, válidas al menos para algunos decenios" (1995, pág. 60). Esta consideración es particularmente cierta en lo que concierne a los sistemas educativos europeos.

La Segunda Guerra Mundial es quizá una prueba palmaria de la ligazón inevitable entre los sistemas educativos y la sociedad en la que nacen. La catástrofe de la guerra fue tal —cerca de cincuenta millones de muertos— que no es exagerado afirmar que los europeos sintieron la necesidad de refundar el mundo y, en consecuencia, de tener muy presente los errores del pasado. En esa necesidad de revisar el pasado es donde, posiblemente, haya que colocar la causa de la llamada primera ola de reformas escolares, unas reformas que apuntaban esencialmente al cambio de estructuras en el sistema educativo. Para que dicho cambio estructural fuera efectivo se produjo también una reforma del currículum, dando lugar así a grandes transformaciones escolares que son paralelas a otros cambios profundos de carácter social, económico, cultural y político.

Con Tiana podemos observar que la transformación de los sistemas educativos europeos en la segunda mitad del siglo xx se produjo en varias fases (2002b, págs. 260-261). *La primera* de ellas se centró lógicamente en la reconstrucción de los sistemas educativos. Se extendió desde la segunda mitad de los años cuarenta hasta principios de los cincuenta. Fue, por supuesto, una fase de reconstrucción física de un sistema muy dañado por la guerra, pero acompañado de reformas estructurales, especialmente en la Educación Secundaria, y de una revisión del currículum. La reconstrucción se ligó, pues, con la democratización de los sistemas educativos, abriendo las puertas de la Educación Secundaria a toda la población escolar, un proceso que muchos países están todavía culminando.

La segunda fase fue de expansión y desarrollo. La consideración de la educación como factor clave para el desarrollo económico, la teoría de la educación como capital humano y una exorbitante fe en la educación explican que las reformas se orientaran hacia la expansión cuantitativa de los sistemas educativos y hacia la formación de la mano de obra cualificada que, se creía, necesitaba el desarrollo. Es una fase que ocupa la década de los cincuenta y gran parte de los sesenta.

La tercera fase fue de revisión crítica. La expansión cuantitativa llevó a la masificación de las instituciones escolares, la fuerte inversión en educación no trajo los resultados espectaculares que se esperaban, un sistema excesivamente rígido produjo más egresados de los que el mercado de trabajo podía asumir, la crisis del petróleo en 1973 planteó nuevas dificultades financieras: es el momento conocido como la crisis mundial de la educación. Es una fase que comienza a finales de los sesenta y se evidencia durante los setenta.

La cuarta fase, que podemos calificar de reforma permanente, vino de la mano de políticas neoliberales y neoconservadoras. Es una fase que ocupa las décadas de los ochenta y de los noventa, donde además se manifiesta un fenómeno nuevo del que habremos de ocuparnos más adelante: la globalización (y su incidencia en las reformas).

¿Qué nos indica esta historia de las reformas escolares, sobre todo si la comparamos con la tipología antes expuesta? A mi entender, nos muestra fundamentalmente dos cosas: que el centro de las reformas de este período está ocupado por la enseñanza secundaria, que se ha revelado sumamente problemática, y que las reformas estructurales, por sí solas, no bastan.

Una de las lecciones, pues, que se derivan de la etapa de las reformas estructurales y curriculares ha sido la de poner de relieve la dificultad de reformar la Educación Secundaria, sin duda el eje principal sobre el que se volcó el esfuerzo de casi todas las reformas. Como es sabido, la democratización de la educación que comenzó en la Segunda Posguerra Mundial tuvo como premisa irrenunciable la de pasar de un bachillerato de élites a un bachillerato para todos, comenzando así uno de los fenómenos más relevantes de la segunda mitad del siglo pasado. De este modo, a la universalización de la Educación Primaria, conse-

© Ediciones Morata, S. L.

guida durante el siglo XIX y, en algunos países, durante la primera mitad del siglo XX, siguió la universalización de la Educación Secundaria, objetivo que se trató de conseguir en pocas décadas. El instrumento principal elegido para ello fue la escuela comprensiva, si bien pronto se vio que la comprensividad planteaba problemas nuevos como consecuencia de nuevas variables hasta ahora no atendidas. Lo importante ahora es subrayar que el intento de impartir una educación y una cultura comunes originó una serie de reformas centradas en la comprensividad, instrumento organizativo y didáctico que permitió abrir parte de la Educación Secundaria a toda la población escolar.

Otra de las consecuencias de la larga etapa de reformas que se inicia en la Segunda Posguerra Mundial (en algunos países como el Reino Unido antes, si tenemos en cuenta la importante Ley de 1944), fue la de provocar cierto escepticismo respecto de las macrorreformas o reformas estructurales. Se ha constatado con razón que en "todas las leyes [de reforma] aparecidas en la década de los ochenta, sólo dos han consistido en reformas estructurales: la portuguesa y la española" (GARCÍA GARRIDO, 1994, pág. 75), si bien la LOGSE fue algo más que una reforma estructural. Lo cierto es que, en general, se ha ido abriendo camino la idea de que las reformas estructurales, aquellas que producen cambios profundos en los niveles, ciclos, grados y modalidades, no resuelven los problemas ni mejoran la calidad de la educación, lo que ha producido en la década de los años noventa una segunda ola de reformas, basada en la reestructuración de las mismas escuelas, como veremos después. Sea como fuere, lo que resultó de todo ello fue una sensación de desencanto respecto de las reformas, un escepticismo sobre el alcance y profundidad de las reformas "desde arriba", impulsadas, reguladas, implantadas y supervisadas por los poderes públicos, suscitando una pregunta que ha merecido la atención de los autores en los últimos años: ¿por qué fracasan las reformas?

Reformas escolares, cultura escolar y cambio en educación

La historia de las reformas de los sistemas educativos de los últimos cincuenta años ha mostrado suficientemente la distancia que media entre la retórica de las políticas de reforma y su efectiva implantación. Aunque en realidad se trate de un fracaso relativo al que se pueden contraponer algunos logros importantes, el hecho de que persista una notable desproporción entre las expectativas que despierta la reforma y los resultados efectivamente alcanzados, exige una explicación.

Hay, en primer lugar, una razón importante desde la propia perspectiva de las políticas de reforma. Las sociedades democráticas tienen que hacer frente a las consecuencias de un postulado que les es esencial: la alternancia regular de los equipos de gobierno salidos de las urnas, fruto en última instancia de distintas opciones ideológicas. La discontinuidad de las políticas de reforma se convierte así en una de las razones fundamentales que explican, en parte, que las reformas escolares vuelvan de continuo. Dado que una reforma del sistema educativo exige inevitablemente más tiempo del que suele disponer el gobierno que las produce, y dado que la educación sigue siendo una institución crucial en las sociedades modernas —más aún en la sociedad del conocimiento en la que estamos entrando a pasos agigantados—, una conclusión se impone: las políticas de reformas tienen que ser objeto de consenso en sus líneas fundamentales si se desea que sobrevivan a los gobiernos democráticos que las diseñan. Que ese consenso sobre las reformas sea más bien escaso es, de un lado, fruto de la complejidad que conlleva toda reforma y, de otro, de la lucha de partidos en las democracias actuales, así como del trasfondo ideológico que siempre comporta la educación.

Sin embargo, con ser el consenso una condición necesaria para la viabilidad y estabilidad de las reformas escolares a medio y largo plazo, no es suficiente. Puede ser que una reforma profunda del sistema educativo sea objeto de consenso entre los principales partidos y sin embargo no coseche éxito. La razón hay que buscarla en lo que la literatura de los años noventa ha denominado la "cultura escolar".

La cultura escolar es un término que produjeron los historiadores de la educación en la citada década, siendo fruto por tanto de una observación histórica. Los reformadores han tendido a ignorar la historia de las reformas, al menos desde una perspectiva de media o larga duración, aunque a veces se haya utilizado la historia inmediata —la de corta duración— para justificar una determinada reforma. Ello equivale a decir que los reformadores suelen ignorar la cultura de la escuela, un contexto "con una estructura, reglas implícitas y explícitas, tradiciones, relaciones de poder y objetivos definidos de diversas maneras por sus miembros" (SARASON, 2003, pág. 127), algo que es el resultado de una decantación histórica de muchos elementos y que explica que las reformas apenas rocen en muchas ocasiones el lado externo de la escuela, que no penetren en la "caja negra" del aula, allí donde se produce de verdad el proceso de enseñanza y aprendizaje, donde está el "núcleo duro" de la práctica escolar, como diversos autores han expuesto en reiteradas ocasiones.

No hay, hasta el momento, un concepto canónico de lo que es la cultura escolar. De entre las varias definiciones existentes, la que propone VIÑAO nos parece la más completa: la cultura escolar "estaría constituida

© Ediciones Morata, S. L.

por un conjunto de teorías, ideas, principios, normas, pautas, inercias, hábitos y prácticas (formas de hacer y pensar, mentalidades y comportamientos), sedimentadas a lo largo del tiempo en forma de tradiciones, regularidades y reglas de juego no puestas en entredicho, y compartidas por sus actores, en el seno de las instituciones educativas" (2002, pág. 73).

El autor de la cultura escolar es, pues, la comunidad educativa, formada fundamentalmente por profesores, padres y alumnos, aunque adquiera en ella un papel protagonista, pero no exclusivo, el profesorado. Las reformas, sin embargo, suelen producirse de "arriba abajo", verticalmente. Aunque todos los reformadores hablen del papel crucial de los profesores, terminan elaborando un discurso que ignora el contenido propio de la cultura escolar, las tradiciones internas de la escuela. Es esta cultura escolar la que permite a los profesores defenderse de la "agresión" de las reformas o de las modas pedagógicas. Los modos tradicionales de organizar la clase en el aula, todo ese conjunto a que antes hacíamos referencia, explica la resistencia a las reformas organizadas desde arriba. Esa resistencia del profesorado no es gratuita, ni se explica sólo por una legislación defectuosa, presupuestos insuficientes o un currículum inadecuado, sino también y fundamentalmente por las condiciones reales en que se desenvuelve la vida de los profesores: desde el principio, nuestras autoridades "no han dado importancia a las necesidades intelectuales, profesionales y de carrera de su personal [docente]" (Sarason, 2003, pág. 145).

Desde que Tyack y Cuban publicaran un importante libro sobre las reformas escolares habidas en los Estados Unidos durante los últimos cien años (1995), es usual hablar de la "gramática escolar", haciendo así referencia a que la práctica escolar es organizada por los profesores de manera semejante a cómo la gramática, siguiendo una lógica propia, estructura el significado de las oraciones y de la comunicación verbal. Es decir, que hay cierta lógica en la práctica escolar que gobierna la vida de las instituciones educativas, un "conjunto de reglas y estructuras que gobiernan y organizan el trabajo en la institución", que tiene una parte "sagrada" y otra "profana". La parte sagrada se correspondería con lo que Tyack y Cuban llamaron la "gramática escolar", invariablemente estable e inmune a las reformas escolares desde arriba, siendo la parte profana la que más fácilmente se deja modificar con mayor facilidad (Bolivar y Rodríguez Diéguez, 2002, pág. 30). Esto es justamente lo que explicaría el fracaso relativo de las reformas de los sistemas educativos.

¿Quiere ello decir entonces que las reformas escolares fracasan siempre? ¿Que el cambio en educación no es posible? Evidentemente no. Lo que ocurre es que las reformas "desde fuera" o "desde arriba" tropiezan inevitablemente con la "gramática de la escuela" y eso explica que, como señaló CUBAN en un artículo famoso (1990), las reformas vuelvan siempre. En parte porque las reformas responden a valores en conflicto de difícil reconciliación interna —la escuela comprensiva frente a la escuela diversificada, por ejemplo—, en parte por razones estrictamente políticas como apuntamos antes —la alternancia democrática conlleva políticas distintas, incluso opuestas—, en parte también porque la cultura de los reformadores y expertos es distinta a la cultura escolar, en parte asimismo porque la política tiene especial aprecio por los valores simbólicos —una reforma plasmada en leyes escolares satisface las necesidades retóricas de los partidos—, en fin, un conjunto de razones que explican el fracaso relativo de las reformas.

Fracaso relativo solamente. Es bastante frecuente apelar a la anécdota del clérigo medieval que regresa a nuestro tiempo para evidenciar que el mundo de la escuela sigue siendo inmutable: un aula, un profesor que explica, unos alumnos que aprenden. El clérigo, se dice, se vería totalmente trastornado ante el cambio copernicano que supone la vida en la actualidad, pero se tranquilizaría al pisar el aula de cualquier escuela de cualquier país. Pues bien, como ha señalado con acierto VIÑAO (2002), esta anécdota es falaz y errónea a la luz de la historicidad de la propia escuela. La verdad es que el clérigo se encontraría sorprendido por múltiples cambios: los profesores son ahora predominantemente laicos —no clérigos como en el medioevo—; no sólo hay profesores, también hay profesoras; en las aulas no sólo hay niños sino, en la misma proporción, también hay niñas; todos los estudiantes permanecen en la escuela, al menos, hasta los 16 años de edad, y muchos de los adolescentes y jóvenes no salen del sistema educativo hasta bien pasados los 20 años; los estudios se efectúan siguiendo un currículum articulado y sistematizado de acuerdo con los diferentes niveles educativos; la lengua vehicular no es el latín sino la de la comunidad en la que los alumnos viven; la enseñanza se somete a ritmos y tiempos propios; la norma exterior a la escuela procede de los poderes públicos, no de los eclesiásticos. Aunque quizá lo más sorprendente de todo sea que el monje vería una escuela que no es patrimonio de unos pocos, como ocurría en su tiempo, sino de toda la población.

Es cierto que la mayoría de los cambios señalados obedecen a procesos históricos de muy amplia duración, pero también lo es que esos procesos no se han producido de manera espontánea, sino como consecuencia de cambios políticos, sociales, económicos y culturales, y también como resultado de procesos intrínsecamente pedagógicos, pero, en todo caso, ha sido fruto de la acción de hombres y mujeres que han impulsado esos cambios (y que muchas veces los mismos actores no han podido llegar a ver).

© Ediciones Morata, S. L.

Es en este marco del cambio en el que deben situarse las reformas escolares, lo que no significa renunciar a las reformas de corto plazo (aunque sólo su inserción en el medio y largo plazo haga posible la fecundidad de las reformas). Pero en cualquier caso, las reformas de los sistemas educativos no alcanzarán medianamente sus objetivos si no se produce un consenso básico entre las fuerzas políticas y si no se cuenta con la cultura escolar y con su extraordinaria resistencia a las reformas "desde arriba". Posiblemente esta última razón fue la que desencadenó la segunda ola de reformas escolares, la que se produjo en la década de los noventa, partidaria del cambio desde las mismas instituciones educativas.

Las reformas "desde dentro": La reestructuración de las escuelas

El movimiento de reestructuración escolar en los noventa es un buen ejemplo de cómo las macrorreformas han sido sustituidas en la literatura específica, y en algunos países, por las microrreformas. Este movimiento se basa en que la gestión del centro docente por su propio equipo escolar es lo único que puede producir verdaderas innovaciones en el aula, en la "caja negra" que registra el proceso de enseñanza y aprendizaje. Se trata, pues, de un movimiento que hace énfasis en propuestas pedagógicas centradas en la escuela, en el aula, basadas predominantemente en la consideración del educando como sujeto activo de su propio aprendizaje, en el papel del profesorado como animador y guía de este proceso, y en la formación de una red de escuelas innovadoras que impulsen un proceso continuo de innovación y de alimentación recíprocos.

Sin duda la propuesta es sugerente. Sólo cuando esta reestructuración interna de la escuela se haya producido, cuando las prácticas innovadoras se hayan extendido en red, sólo entonces procedería formular una política de reformas macro desde los poderes públicos correspondientes. Lo cierto es que aunque la experiencia haya nacido fundamentalmente en los Estados Unidos, en Europa no faltan antecedentes. Sin ir más lejos, un precedente en España sería el proyecto de los movimientos de renovación pedagógica de la Restauración democrática, o, incluso, en un pasado más lejano, la experiencia aleccionadora de la *Institución Libre de Enseñanza* y su proyecto de reforma basada en la formación del profesorado y en la lenta penetración de los nuevos profesores en los centros docentes (el Instituto-Escuela sería así la matriz de una auténtica reforma educativa a medio y largo plazo).

© Ediciones Morata, S. L.

Sin embargo, la realidad nunca es nítida y unívoca. Lo que se ha llamado la segunda ola de reformas escolares, con su considerable influjo en las sociedades europeas, no es ajena a la contaminación ideológica, poniendo de relieve una vez más que una cosa son las reformas y otra las ideologías que las respaldan.

RODRÍGUEZ ROMERO ha puesto de manifiesto la necesidad de separar el trigo de la paja porque, en efecto, el movimiento de reestructuración escolar no es ajeno a la omnipresencia de una ideología conservadora que impregna el pensamiento educativo desde hace más de dos décadas (1998). Tras la retórica de la devolución de poderes a la escuela —autonomía institucional— pueden observarse prácticas económicas derivadas del posfordismo, transfiriendo al centro docente formas de organización y gestión empresarial que llevan consigo valores economicistas, en modo alguno pedagógicos.

Así, se han producido ya fenómenos contradictorios: al mismo tiempo que se predica la autonomía de los centros docentes, se recortan los presupuestos de los centros públicos; al mismo tiempo que se descentraliza la gestión, se hace al centro docente único responsable del éxito o fracaso escolar —los poderes públicos se desentienden de las escuelas—; al mismo tiempo que se fomenta la libertad de elección, se propugna la evaluación de los centros, produciéndose una recentralización de acuerdo con pautas emanadas de los poderes públicos; al mismo tiempo que el centro se convierte en el único forjador de su destino, se le somete a la competencia más extrema a fin de allegar alumnos, convertidos en verdaderos consumidores de educación.

Esta lógica empresarial es la cara regresiva del movimiento, una lógica que

> "hay que situarla en los ajustes estructurales que están ocurriendo en el capitalismo occidental, que están llevando al desmantelamiento de los sistemas educativos centralizados y a su sustitución por una ideología del mercado libre basada en la elección y en la competición, en la que los ciudadanos son vistos como consumidores más que como participantes en la educación".
>
> (RODRÍGUEZ MORENO, 1998, pág. 170.)

Como es sabido, las cosas no son tan sencillas como parecen. En última instancia, la cuestión de las reformas de los sistemas educativos arroja luces y sombras, y, sobre todo, nos enseña que los sistemas educativos siguen siendo sumamente complejos, que cualquier visión unilateral o monista inevitablemente ocultará aspectos importantes de la realidad. Como los sistemas educativos son parte importante de los sistemas sociales y políticos, olvidar esta conexión impide muchas veces ver el bosque.

© Ediciones Morata, S. L.

CAPÍTULO VII

El problema de la globalización y la educación

El famoso sociólogo Ulrich Beck, en uno de sus últimos libros, indica que una cosa es el fenómeno real de la globalización y otra, el globalismo, esto es, "la ideología del dominio del mercado mundial" (1998, pág. 27). Deslindar ambos planos resulta necesario para comprender esta realidad que no ha dejado de ejercer notable influencia sobre los sistemas educativos.

La globalización como fenómeno de nuestro tiempo

No hay hasta el momento un concepto de la globalización comúnmente admitido. Los autores que se ocupan de ello, más que definirlo, lo describen. No es mal método acercarnos a sus orígenes y datar su fecha de nacimiento: la globalización aparece a mediados de la década de los años setenta del siglo XX, coincidiendo con la crisis política del Estado de bienestar y con la crisis económica del petróleo, pero, como veremos de inmediato, es un fenómeno que excede con mucho a las citadas crisis. Por otra parte, aparece acompañado de un pujante neoliberalismo, lo que torna frecuente la confusión entre la descripción del suceso y sus inevitables connotaciones ideológicas. Por tanto, veamos, primero, las dimensiones del fenómeno y, después, las implicaciones ideológicas que conlleva.

Manuel Castells, en su gran trilogía sobre la nueva sociedad que se está gestando, señala que la auténtica crisis de los setenta no reveló sólo la conmoción económica sufrida por la brusca alteración de los precios del petróleo, sino, sobre todo, mostró el agotamiento de un modelo, el de la sociedad industrial. Lo importante no fue que en aquellos años se produjeran acontecimientos como la drástica reducción de plantillas o la aparición de un paro masivo, sino que el sistema económico capitalista buscara nuevos mercados como salida a la fuerte crisis económica. Pero, para abrir nuevos mercados, nos recuerda este autor, el capital requiere una gran libertad de actuación y las empresas una buena información: "la desregulación de los mercados y las nuevas tecnologías de la información, en estrecha interrelación, proporcionan esas condiciones" (CASTELLS, 2000, Vol. I, pág. 131). En los años ochenta del siglo XX hubo una inversión tecnológica masiva en las infraestructuras de la información y de la comunicación que hizo posible la globalización del capital en núcleos básicos como la microelectrónica, la microinformática, las telecomunicaciones y los mercados financieros. Se producía así lo que CASTELLS ha llamado el nuevo paradigma de la tecnología de la información, que dio el verdadero impulso a la globalización y a la aparición de la sociedad informacional.

Distingue CASTELLS entre sociedad de la información y sociedad informacional. Mientras la primera, caracterizada por la libre comunicación del conocimiento, ha existido al menos desde el medioevo europeo, la segunda alude a una forma específica de organización social en la que la creación, procesamiento y transmisión de la información y del conocimiento se convierten en las fuentes fundamentales de la productividad y, por tanto, de la producción de la riqueza. Lo que singulariza a ese nuevo paradigma es que la información y el conocimiento se procesan ahora a una velocidad creciente, con una potencia en constante aumento, a un coste decreciente, interrelacionados en red y distribuidos en tiempo real. Este fenómeno es el que se ha difundido por todo el globo a un paso acelerado aunque desigual.

Así pues, estamos ya ante una economía globalizada, lo que es distinto de una economía mundial. Ésta última existe prácticamente desde el comienzo del capitalismo comercial en el siglo XVI, desde que la acumulación de capital se pudo producir en cualquier lugar del mundo. Aquélla, empero, tiene la capacidad de funcionar de forma unitaria en tiempo real y a escala planetaria, gracias precisamente a las nuevas tecnologías de la información y consiguiente revolución de la electrónica. Es verdad que subsisten las economías domésticas o nacionales, es cierto que innumerables empresas siguen teniendo un ámbito local, que la inversión interior sigue siendo importante, pero:

© Ediciones Morata, S. L.

"[...] podemos asegurar que existe una economía global porque las economías del mundo entero dependen del rendimiento de su núcleo globalizado. Ese núcleo globalizado incluye los mercados financieros, el comercio internacional, la producción transnacional y, hasta cierto punto, la ciencia y la tecnología y el trabajo especializado".

(CASTELLS, 2000, Vol. I, págs. 136-137.)

El sistema económico actual resulta así globalmente interconectado, y los países y empresas que no se conectan a este sistema a la larga quedan excluidos.

¿Cómo ha sido posible esta globalización de la economía? Gracias no sólo a la extraordinaria revolución tecnológica del siglo XX, sino también a la acción decidida de los gobiernos que apostaron por la globalización. CASTELLS ha señalado al respecto que esa nueva tecnología fue posible, y en gran medida inducida, por las políticas de los países más desarrollados. Contrariamente a lo que suele decirse, la economía global surgió de la interacción de los mercados, los gobiernos y las agencias internacionales, produciendo todo ello tres fenómenos íntimamente relacionados: la desregulación, esto es, la eliminación de toda traba a la libre circulación de los capitales financieros; la privatización de compañías controladas hasta entonces por el sector público; finalmente, la liberalización del comercio mundial y de la inversión internacional. De este modo, los años noventa del pasado siglo exportaron por todo el mundo la economía global:

"El mecanismo para llevar a cabo el proceso de la globalización en la mayoría de los países del mundo fue simple: la presión política, bien a través de la acción gubernamental directa, bien a través de la imposición del FMI [Fondo Monetario Internacional], Banco Mundial, Organización Mundial del Comercio. Sólo después de que las economías se liberalizaban afluiría a ellas el capital global".

(CASTELLS, 2000, Vol. I, pág. 177.)

La razón fundamental era también sencilla: sólo liberalizándose la economía afluiría a los países el capital global (aunque en los países subdesarrollados el precio de esta operación fue la devastación de sus economías).

El resultado de todo este complejo proceso de transformación económica es lo que se ha considerado una nueva fase del capitalismo. Forman parte de este proceso los siguientes eventos:

- el libre movimiento de capitales, más allá de las fronteras nacionales;

El problema de la globalización y la educación

- la minoración del clásico conflicto entre el capital y el trabajo como consecuencia del paro creciente y consiguiente formación de un gran ejército de reserva de mano de obra (otro de los efectos ha sido la disminución creciente del poder sindical de los trabajadores);
- la aparición del posfordismo, esto es, la sustitución de una industria en cadena, organizada verticalmente, rígidamente jerárquica, por un modelo caracterizado por una mayor flexibilidad, por la descentralización de funciones y por el trabajo en equipo (a quien se imputa la productividad);
- el surgimiento de la automación, con la consiguiente disminución de los costes de personal y aumento del desempleo;
- la creación de un mercado laboral con una pequeña élite altamente cualificada y bien pagada, seguida de un gran sector de baja cualificación y bajos salarios;
- la formación de una sociedad en red gracias al extraordinario desarrollo de los ordenadores que facilitan las operaciones financieras en tiempo real;
- el aumento del sector servicios en detrimento de los sectores clásicos de carácter primario —la agricultura— y secundario, la industria;
- el incremento del abismo económico, financiero y tecnológico entre los países desarrollados, fuertemente asentados en la economía global, y los países subdesarrollados, ajenos a ella.

Algunos de estos rasgos probablemente han llegado para quedarse. Quiere esto decir que en la globalización hay aspectos que probablemente sean irreversibles. Tal será el caso de las nuevas tecnologías de la información y del conocimiento, que están demostrando una enorme capacidad para incrementar la productividad y acelerar el crecimiento económico. En este sentido, la globalización puede ser un importante factor positivo de la vida del futuro. En cambio, otros aspectos de la globalización ofrecen un signo negativo, especialmente si se contemplan desde su proclividad a incrementar las desigualdades internas e internacionales, a reducir cada vez más el poder sindical de los trabajadores, a contemplar sólo los aspectos económicos de la vida social en detrimento de todos los demás. Para justificar estos negativos efectos surge entonces la ideología de la globalización, una ideología que presenta la globalización unidimensionalmente, que ensancha el espacio económico y reduce al mínimo el espacio político, que aplica la lógica del mercado —presidida por la idea del cálculo y el máximo beneficio— a todas las facetas de la vida social, imponiendo la razón económica por encima de cualquier otra. Aunque los gobiernos han tenido un papel decisivo en

© Ediciones Morata, S. L.

la globalización, una vez alcanzados los objetivos principales se predica entonces la inhibición del Estado, al que sólo se le asigna la vieja función de mantener el orden público y la seguridad.

Los nuevos ideólogos de la globalización, disfrazados de expertos bajo la máscara de la sociología o de la economía, tratan de imponer como irreversible la desregulación económica, es decir, la eliminación de cualquier traba a la inversión del capital, lo que equivale a la supresión de las normas nacionales e internacionales que tratan de subsanar los graves daños ecológicos que sufre ya el planeta, el predominio exorbitante del capital sobre el trabajo, el desequilibrio social que supone la modificación regresiva del sistema tributario o el desamparo de ingentes masas de población que, fruto del abandono de las clásicas políticas sociales, quedan a merced de la caridad privada (en realidad lo que se pretende es el paso del Estado de bienestar al Estado de beneficencia). Estamos ante una ideología que reduce el papel del Estado a las funciones mínimas de orden y seguridad, lo que implica una drástica reducción del gasto público y el primado de lo privado frente a lo público —con la consiguiente privatización de las instituciones—; una ideología que se presenta como el "pensamiento único", en la feliz expresión de RAMONET, excluyendo como poco sensato cualquier otro pensamiento —cultural, social, político o económico— que vaya más allá del economicismo puro y duro; una ideología que, en fin, tiene la "pretensión de erigirse en cosmovisión totalizadora de la realidad" (GIMENO, 2001, pág. 131), cargada de unos valores determinados que tratan de expulsar del mundo otros de distinto signo, o, como afirmó BOURDIEU, trata de imponer una "visión dominante" que se expone como inevitable, como un destino fatal, con la intención no explícita de eliminar toda otra concepción divergente o toda posible resistencia (1997).

Como no podía ser de otro modo, la ideología de la globalización se ha manifestado también en el campo de la educación, si bien aquí debemos distinguir entre los aspectos reales de la educación global y los aspectos ideológicos que enmascaran valores e intereses no siempre acordes con los que han fundamentado durante siglos la educación, especialmente la educación pública.

Efectos de la globalización sobre la educación

Los efectos que puede tener la globalización sobre la educación no han sido considerados tampoco de modo unánime. Si uno de los efectos de la globalización es la revolución tecnológica aplicada al conocimiento, la educación debería verse fuertemente interesada. Sin embargo, hay autores que lo niegan con notable rotundidad. Uno de ellos es Noel F. McGinn, profesor de Pedagogía de la Escuela de Educación para Graduados de la Universidad de Harvard, que en 1997 publicó un polémico artículo sobre los efectos de la globalización en los sistemas educativos nacionales.

Parte McGinn de la idea de que la "corriente actual de integración económica ha venido avanzando a ritmo acelerado desde principios de los años sesenta como mínimo. No obstante, tras cuarenta años de incesante hincapié en la integración económica, ningún sistema educativo difiere mucho de lo que era cincuenta años atrás" (1997, pág. 41). Sólo admite este autor una excepción, que es el cambio que se ha producido en muchos países con la descentralización, si bien, añade, este cambio no ha afectado a la esencia de la educación, al proceso mismo de enseñanza y aprendizaje, sino a la administración de la educación. En todo caso, a la descentralización le dedica el grueso de su artículo.

Considera este autor que las políticas de descentralización —correlato de lo que ha sido el posfordismo en la organización de las empresas— no han dado como resultado ni un aumento del número de alumnos, ni han mejorado la educación, ni siquiera han aumentado la participación local en este proceso. Las escuelas, dice, "que ahora están a cargo de las autoridades locales no parecen ser muy diferentes de las que antes dependían de autoridades centrales" (McGinn, 1997, pág. 45). Ello es así porque, paradójicamente, las escuelas han estado siempre descentralizadas *de facto*, ya que la Inspección central ha sido poco frecuente, y las órdenes de arriba han sido siempre interpretadas por los profesores para ajustarlas a su propio entorno. La verdad es, dice McGinn, que en las aulas, los profesores enseñan lo que quieren y de la forma que desean, porque saben que la visita anual del inspector se les va a anunciar de antemano. En realidad, lo que McGinn plantea, sin utilizar expresamente estos términos, es el problema de la cultura escolar y su resistencia a las reformas o instrucciones "desde arriba", atribuyendo esta resistencia al carácter conservador que suele tener el profesorado en la mayoría de los países (incluyendo también aquí a los padres de los alumnos).

En segundo lugar, la descentralización le parece un fracaso porque los aspectos más esenciales de la educación no forman parte de lo que ha sido descentralizado, en una alusión clara a que se ha transferido la administración de las escuelas pero, al mismo tiempo, se ha mantenido o aumentado el control sobre el currículum y la evaluación, aspectos éstos sobre los que tendremos que volver más adelante.

En tercer lugar, las autoridades locales, teóricamente favorecidas por la descentralización, no han mostrado en numerosos países un

© Ediciones Morata, S. L.

interés real en asumir la responsabilidad de la educación, atribuyendo este fenómeno a la ausencia de una tradición de autogobierno local, a la no transferencia correlativa de recursos o a la ausencia de una coherencia cultural en las mismas autoridades locales.

Aun compartiendo algunas de estas tesis, la opinión de CARNOY es, por el contrario, que la globalización está teniendo "un gran impacto sobre la educación, en tres direcciones principales" (1999, pág. 146).

En primer lugar, en el plano estrictamente económico, los gobiernos se encuentran presionados a reducir el gasto público en general, siendo el gasto en educación uno de los más afectados. Ello ha supuesto un debilitamiento general de la educación pública, variable según el color ideológico de los diferentes gobiernos, y una polarización hacia otras fuentes de financiación, es decir, una apuesta por la privatización de la educación y, en consecuencia, una mayor participación de las familias en el gasto de la educación.

En segundo lugar, el plano de las relaciones entre el sistema educativo y el sistema productivo se ha visto también afectado, ya que se espera del sistema educativo la formación de una mano de obra sumamente cualificada, o, lo que es lo mismo, la atención preferente a la educación secundaria superior y a la formación universitaria, en detrimento de la educación básica de carácter general, que, en rigor, sólo tendría que producir una mano de obra de baja cualificación. El nuevo discurso de la excelencia, añadimos nosotros, tiene aquí un buen encaje.

En tercer lugar, el plano mismo del currículum se ha visto alcanzado también por la globalización, ya que las exigencias del mercado laboral estarían induciendo a poner todo el énfasis sobre un currículum en que las ciencias y las matemáticas ocupen el máximo lugar, en perjuicio de las demás áreas de conocimiento y de la formación general, todo ello con independencia de que se estén introduciendo factores economicistas en la misión específica de la educación, tanto en lo que afecta al desarrollo integral de la personalidad del individuo como a las funciones culturales, sociales y políticas de la educación en una sociedad democrática (CARNOY, 1999, pág. 146).

Desde una perspectiva institucional de la educación, cabe considerar también que los efectos de la globalización sobre la educación no son en modo alguno despreciable. Así, otros autores ponen de relieve los siguientes cambios (PEDRÓ y ROLO, 1998, págs. 266–271):

- se está produciendo una convergencia curricular en los sistemas educativos, cuya fuente la constituyen principalmente los modelos occidentales (entre los contenidos que convergen se subrayan los relativos a la lengua inglesa y la informática);

© Ediciones Morata, S. L.

- se observa una convergencia estructural, esto es, una tendencia a consolidar una etapa larga de formación básica que incorpore la antigua enseñanza secundaria elemental, facilitando así, junto con la convergencia curricular, la movilidad de los estudiantes y, posteriormente, la de los mismos trabajadores;
- se está produciendo cierta globalización de las políticas educativas relativas al gobierno y administración de los sistemas educativos, centradas fundamentalmente en la desregulación y la llamada libre competición (la desregulación quiere decir en educación la retirada del Estado como principal responsable de los sistemas educativos, ocupando su lugar la espontaneidad del mercado y una mayor o menor privatización de la educación, mientras que la competición implica una apelación a la rivalidad entre los centros docentes, siendo los alumnos tratados como clientes que deciden a favor de los más eficaces);
- se asignan a los sistemas educativos objetivos globales que pueden ser ajenos a las necesidades nacionales, incluso de carácter económico.

Obviamente, dentro de las características señaladas, unas pueden tener efectos positivos, y otras, negativos. Todo deriva de la consideración, o no, de la globalización como un fenómeno puramente económico. Así, la tendencia a que los sistemas educativos converjan en determinados aspectos puede ser positiva para la movilidad y para una visión más global de los problemas propios del siglo XXI, pero también puede imponer modelos culturales que pugnen con los valores propios de los diversos países, en definitiva con la identidad forjada a lo largo de muchos siglos. La adecuación entre los sistemas educativos y las necesidades del mercado laboral continuará siendo una necesidad insoslayable de la educación moderna, siempre que los sistemas educativos no se conviertan en sólidos agentes de la estratificación social, contribuyendo incluso a producir la exclusión de la sociedad de masas importantes de población. El acento en la competición puede significar un esfuerzo por el desarrollo de las mejores competencias y habilidades de la población, pero sin olvidar por ello otras dimensiones del ser humano, especialmente la cooperación y la solidaridad entre los hombres. La adopción de políticas dirigidas a resolver los problemas que plantean hoy el gobierno y la administración de los centros docentes puede facilitar, por comparación, la solución de muchos problemas actuales, siempre que esa política no se imponga como la única posible, tal y como gusta presentar a buena parte de los autores neoliberales (en una traslación más del "pensamiento único").

© Ediciones Morata, S. L.

En definitiva, dada la especial vinculación histórica entre los sistemas educativos y el Estado, lo que la globalización de la educación está planteando en este campo, al igual que en otras esferas de la vida humana, es el papel del Estado. Pero aquí nos encontramos ya a un paso, a veces no perceptible, de la ideología de la globalización.

Ya vimos cómo, curiosamente, el nacimiento de la globalización en la década de los setenta, y su desarrollo posterior, fue posible gracias a la decidida intervención de los Estados, que hicieron que aparecieran la desregulación de los mercados, el libre comercio y la expansión de la inversión. Por ello, la pregunta clave sigue siendo: ¿ha disminuido con la globalización el poder de los Estados nacionales? La respuesta no es unívoca. Como afirma CARNOY, en cierto modo ese debilitamiento se ha producido ya porque los Estados nacionales se han visto obligados, para favorecer la llegada de la inversión extranjera y del capital internacional, a adoptar determinadas políticas que no controlan y que pueden producir efectos perversos, como el incremento de las desigualdades sociales en su propio suelo, con grave erosión de la cohesión social y consiguiente aumento de problemas con los trabajadores e inestabilidad social. Pero también es verdad que gran parte del Producto Interior Bruto de las naciones lo sigue produciendo la economía doméstica, y en este terreno la acción de los Estados sigue siendo decisiva para producir lo que COLEMAN ha llamado el "capital social", esto es, el clima dentro del cual las empresas pueden llevar a cabo sus actividades y en el que pueden sentirse respaldadas por sus gobiernos en el duro camino de la economía global.

¿Cómo se manifiesta esta relación Estado-globalización en la arena de la educación? Como ya hemos visto, la globalización tiene un impacto claro en los sistemas educativos, si bien esos efectos pueden ser de distinto signo según cuál sea la actitud del Estado. No es forzoso adoptar una política única en el contexto de la globalización. Se puede mantener una formación básica que sea de calidad y promover unos niveles superiores de alta cualificación, se puede facilitar el desarrollo de un currículum acorde con las necesidades de la globalización y promover al mismo tiempo la identidad cultural, se puede mantener la prioridad de la educación pública en la política del gasto y fomentar una adecuada emulación con las escuelas privadas, etc. En realidad, todo depende de la opción ideológica del partido que gobierna, más que de unas imprecisas presiones de la globalización. Una cosa es atender a las necesidades de la globalización y otra a las demandas de los ideólogos de la globalización.

La globalización se nos aparece así como un fenómeno polifacético cuyas diversas caras no siempre se presentan a los ojos de un observador poco apercibido. Así, podemos hablar de una globalización cultural, cuyo patrón hegemónico pugna obviamente con las culturas nacionales, planteando la disyuntiva entre globalización y localización, y con ello el gran problema actual de las identidades. En cambio, no podemos hablar de una globalización del trabajo, en el sentido del libre movimiento internacional de las personas, en contraposición al libre movimiento del capital financiero, apareciendo de este modo uno de los problemas más acuciantes de las sociedades desarrolladas, el problema de la inmigración masiva. Podemos decir incluso que la globalización económica afecta a grandes zonas o regiones, pero también afirmar que muchos países, incluso continentes enteros como África, están prácticamente excluidos del proceso globalizador. En fin, con todo ello queremos subrayar que la globalización es un fenómeno muy complejo en el que se mezclan la realidad de la evidencia con motivaciones ideológicas que confunden e impiden la verdadera comprensión de los problemas. Ello es particularmente cierto si nos atenemos a dos de los grandes efectos de la globalización sobre la educación: la descentralización y la privatización.

La descentralización como ideología: ¿Hacia la autonomía de los centros?

Es sabido que los Estados nacionales, que se constituyeron en Europa a lo largo del siglo xix, lo hicieron bajo fórmulas predominantemente centralizadoras. Sin embargo, las últimas décadas del siglo xx se han caracterizado por la tendencia opuesta, orientada hacia la descentralización. La fuerza de las cosas ha hecho que la descentralización territorial, la encomienda de poderes a las autoridades intermedias y locales, se presente como una solución a la crisis del Estado nacional. Esta crisis apareció tímidamente en la década de los años cuarenta del siglo xx, después de la Segunda Guerra Mundial. Fue Italia, la nación que surgió y creció en el siglo xix al amparo precisamente de la centralización, quien protagonizó este suceso: la Constitución italiana de 1947, inspirada en la española de 1931, alumbró el Estado regional. Nacía la región como una entidad territorial nueva, llamada a expandirse por varios países europeos.

A partir de los años sesenta, las sociedades europeas tuvieron que hacer frente a problemas importantes, derivados, sobre todo, del desarrollo económico y del creciente papel de los poderes públicos, de tal modo que en varios países se fue abriendo paso la idea de que era necesario incorporar fórmulas más o menos descentralizadoras.

Lo curioso fue que se insertaran en esta tendencia países occidentales tan dispares como Gran Bretaña, Bélgica, Francia o España (PUELLES, 1992).

De todo este proceso interesa destacar dos cosas: una de ellas es que, efectivamente, la descentralización es una tendencia que ha calado hondo en varios países europeos y que obedece a una necesidad organizativa de eficiencia, al deseo de resolver los problemas de la educación actual acercando el poder de decisión a las autoridades locales, realmente próximas a los problemas de las escuelas y por ello mejor situadas para solucionarlos; la otra cuestión a destacar es el giro ideológico que ha dado el movimiento neoliberal depositando (aparentemente) en las escuelas y en los mismos padres el poder de decisión, aunque con ello se desvirtúen las bases mismas del proceso descentralizador.

En efecto. Se presentó la "devolución" de poderes como un proceso que no debía detenerse en las autoridades locales: la conjunción de la autoridad de los municipios con la libertad de los padres y la competencia de los profesores, unidos todos en torno al centro docente, daría a las escuelas una mayor autonomía, un mayor control sobre el currículum y sobre el propio centro, permitiendo de este modo un ajuste real entre las necesidades de la sociedad y las prestaciones de las escuelas, y, en definitiva, una mejora de la calidad de la enseñanza. De hecho, las reformas basadas en la descentralización, por ejemplo casi todas las efectuadas en la América Latina de los años noventa, fueron presentadas como una fórmula que aumentaría la eficacia de las escuelas: los padres se comprometerían con la educación de sus hijos y exigirían más; los profesores trabajarían con mayor independencia; los equipos docentes serían los auténticos responsables de la vida del centro.

Sin embargo, esta tendencia en realidad lo que buscaba era descargar al Estado de responsabilidades educativas, aligerar el aparato organizativo de la Administración y reducir el gasto público; todo ello muy en consonancia con el "descubrimiento" del Estado mínimo y del necesario reajuste financiero del aparato estatal. No habría nada que objetar si la efectiva descentralización de la educación en los poderes locales y en la comunidad escolar hubiera acarreado una notable mejoría de la calidad de la enseñanza. Pero los diversos estudios realizados hasta el momento indican que no hay evidencia empírica alguna de que esos efectos se hayan producido. Más aún, el servicio público de educación británico, que todavía en los años setenta era considerado como uno de los mejores del mundo, sufrió un deterioro tal que los gobiernos laboristas de finales de los noventa consideraron absolutamente preciso hacer de la educación pública una de sus principales prioridades.

© Ediciones Morata, S. L.

El problema de la globalización y la educación

Ello ha sido así porque la descentralización de la educación en los municipios y en los centros docentes no fue, en verdad, una exigencia implícita de la propia *devolution*: no hubo la convicción de que, para mejorar la calidad de la enseñanza, la descentralización no podía detenerse en las entidades intermedias, ni siquiera en los poderes locales, sino que tenía que alcanzar a la misma esencia del proceso de enseñanza y de aprendizaje, es decir, al centro docente, y con él, a los mismos profesores, padres y alumnos que componen la comunidad escolar; para ello hubiera sido preciso que la "devolución" de poderes hubiera sido acompañada de la transferencia de recursos económicos para hacer frente a las nuevas responsabilidades, lo que no ocurrió en la mayor parte de los países en que se produjeron tales reformas (cuando las competencias y los recursos fueron transferidos al mismo tiempo, la educación mejoró notablemente). Frente a esta concepción, la descentralización que se impuso en muchos países fue la versión ideológica del neoliberalismo dominante.

Las reformas escolares basadas en la descentralización, especialmente en los países subdesarrollados —en cierto modo, laboratorio de prueba—, han partido de la necesidad de reducir el gasto público de los Estados y, por tanto, su aportación a la educación. Estas descentralizaciones se basaron en la ideología del mercado, enemiga de todo intervencionismo público, o, al menos, partidaria de una reducción importante de su actividad. De ahí el papel creciente de los municipios a los que, por otra parte, no se les traspasaron los recursos económicos precisos para asumir la plena responsabilidad de la educación. De ahí también que, en esas reformas descentralizadoras, dotadas de escasos recursos, se hiciera necesario reducir el gasto en educación, acudiendo a la fórmula más sencilla: rebajar el sueldo de los profesores públicos, precisamente los únicos que pueden con su actividad profesional mejorar la calidad de la enseñanza que imparten (todo ello sin considerar la abdicación del Estado en la formación y selección adecuada de los profesores públicos). Otra solución, propuesta oficialmente por el Banco Mundial, fue el aumento de las *ratios* profesor-alumnos, ya que sus economistas consideraron que rebajar la *ratio* no tiene efecto alguno sobre la calidad de la enseñanza, siendo, por el contrario, muy aceptables las *ratios* de 1 profesor por cada 45 alumnos (argumento curioso para un organismo internacional que cualquier maestro hubiera descalificado apelando a su propia experiencia).

La descentralización en el aula, finalmente, fue acompañada de una política de recentralización del currículum, utilizando para ello un medio aparentemente neutro: la evaluación. Como veremos después, la descentralización ha ido unida a la privatización, de tal modo que, para pro-

© Ediciones Morata, S. L.

ducir *escuelas eficaces,* los centros docentes fueron sometidos a pruebas de rendimiento académico procedentes del poder central. Tampoco aquí, y no sólo en los países subdesarrollados, aparecieron pruebas empíricas de la bondad de este procedimiento para mejorar la calidad de los centros docentes. Por el contrario, hay suficientes indicios de que la aplicación de los métodos neoliberales en los sistemas educativos están desencadenando una mayor desigualdad en el acceso a un bien cultural, inapreciable en la sociedad del conocimiento, como es la educación. Obviamente, en el credo neoliberal, en la nueva teología del mercado llevada a las escuelas, no existe lugar alguno para la consideración de la educación como un derecho social, como tampoco existe lugar para la idea de alcanzar una mínima justicia en la distribución del conocimiento entre las diversas clases de la sociedad, por no hablar del grave problema que está presentando ya la exclusión social y el papel negativo que puede jugar aquí la falta de una buena educación.

La privatización de la educación

Como sabemos, la educación es hoy una compleja institución que alberga en su seno aspectos distintos, cuando no enfrentados. Nos referimos fundamentalmente a la distinta consideración que tiene la educación si se adopta una perspectiva privada —la educación vista *sólo* como una institución que atiende al desarrollo completo de la personalidad— o una perspectiva pública, la educación vista *sólo* como una institución que atiende a las complejas funciones sociales, culturales, políticas y económicas que evidentemente cumple. En realidad, esta ambivalencia de la educación no es sino una expresión más del duro enfrentamiento que, durante los siglos xix y xx, han mantenido los principios fundamentales de libertad y de igualdad aplicados a la educación. Como ya vimos, los problemas que se derivan de este enfrentamiento son muy superiores a los que surgen cuando las políticas se orientan hacia un equilibrio entre ambos principios. Pero ello no quita para que la ambivalencia se produzca cada vez que nos planteamos los problemas fundamentales de la política educativa; tal es el caso de la política neoliberal y su relación con el fenómeno conocido como privatización de la educación, sin duda una de las consecuencias más importantes de la relación entre globalización y educación (en la versión neoliberal).

La privatización presenta un aspecto ambivalente, ya que si, por una parte, se basa en la libertad de elección de centro, su aplicación íntegra, por otra, llegaría a destruir todas las aplicaciones concretas del principio de igualdad de la educación, lo que supondría una derrota absoluta de la igualdad a manos de una concepción sesgada de la libertad, y con ello la aparición de graves desequilibrios sociales. Sin embargo, en las sociedades democráticas occidentales está claramente aceptada hoy la vertiente privada de la libertad de educación, que comprende la aceptación no sólo de la libertad de creación y dirección de centros docentes, junto con la libertad de cátedra del profesorado, sino también la libertad de los padres para elegir una formación determinada de sus hijos —dentro del marco general diseñado por el sistema educativo— y elegir asimismo el centro concreto en que se imparta esa formación. Por tanto, desde esta perspectiva nada hay de objetable en una política que hiciera de la libertad de elección de centro la base de su actuación... siempre que se respetaran otros derechos que van unidos inextricablemente a la educación. Sin embargo, no es ése el rasgo dominante del neoliberalismo aplicado a la educación.

La tesis de la elección de centro se basa, como sabemos, en la convicción de que nadie mejor que los padres para elegir la educación de sus hijos. Esta elección se dirigiría lógicamente hacia las mejores escuelas, que verían así reforzada su actividad docente, y se alejaría de los centros de mala o mediana calidad, estableciéndose de este modo una dura competencia entre las escuelas para atraer al alumnado.

Esta tesis tiene, sin embargo, aspectos negativos. En primer lugar, al igual que el libre mercado se basa en la libre competencia, sumamente imperfecta y dependiente de la información que tenga el consumidor, la libre elección, para tener éxito, necesitaría que en el "mercado de la educación" funcionara bien la información de los padres sobre la educación y los centros docentes, aspectos éstos que numerosos estudios indican que no suelen darse en la mayoría de los padres (aparte de que éstos eligen centro basándose no sólo en la educación que imparten, sino también por razones de cercanía y, sobre todo, por la procedencia social de los alumnos que acuden a ese centro). Como señaló D. LAWTON, buen conocedor del experimento británico de la época del thatcherismo, "un libre mercado sólo es eficiente si hay 'perfecta información' —o al menos buena información—, así como capacidad de pago. Muchos padres no están en posición de saber qué es lo que se ofrece, ni de saber juzgar la calidad de lo ofrecido, ni de pagar aquello que quieren" (1994, págs. 85-86).

Otro de los aspectos negativos de la política de privatización es que, tácita o expresamente, conduce, en algunos casos, a un abandono de la escuela pública, y en otros, a su deterioro. Como complemento de la privatización es corriente introducir en la escuela pública métodos de gestión transplantados del mundo de los negocios, métodos propios de la empresa privada dirigidos a mejorar la organización esco-

© Ediciones Morata, S. L.

lar, reducir sus costes y reordenar las tareas de los equipos docentes, orientándose todo a conseguir un mayor rendimiento escolar en términos puramente cuantitativos. Coadyuva a ello el que las autoridades centrales confeccionen las pruebas nacionales de rendimiento, presentando después a los padres el *ranking* de centros que obtuvieron los mejores resultados en esas pruebas, aunque el precio sea alejar a las escuelas de sus verdaderos fines pedagógicos: la formación íntegra de sus alumnos.

En el fondo de las políticas de privatización late el deseo, no ocultado, de arrojar al rincón del olvido la consideración de la educación como un servicio público, como un asunto de Estado, Estado que debe intervenir para evitar los desequilibrios de los principios de libertad e igualdad y para favorecer los procesos de integración social. El lugar de la educación como un derecho social del individuo es sustituido por la aplicación del libre mercado que, gracias a la libertad de elección, consigue, cual nueva "mano invisible", la mejora de la calidad de la enseñanza. La educación pública, antes responsabilidad de los gobiernos, es considerada ahora un asunto esencialmente privado.

Obviamente, la doctrina de la privatización no debe ser considerada como un bloque monolítico. Hay en ella posiciones diversas que reflejan políticas más radicales o más moderadas. De acuerdo con tan amplio abanico, nos parece interesante, partiendo de la clasificación que LAWTON hace sobre la base de la libertad de elección (1993, págs. 113-114), distinguir diversas posiciones ideológicas, debidamente escalonadas.

En primer lugar, el máximo nivel de aspiración neoliberal vendría constituido por el libre mercado de la educación sin sometimiento alguno a la regulación del Estado. Sería la completa privatización. Los padres elegirían libremente según su capacidad de pago, no estarían sujetos a la escolaridad obligatoria para sus hijos; y las escuelas podrían adoptar su propio currículum. Con estas características, este modelo no existe en ningún país del mundo, si bien, si llegara a existir, produciría enormes desigualdades, derivadas de la desigual capacidad de pago de los padres. No sólo sería injusto, sino también ineficiente: la libertad del currículum impediría la formación de la mano de obra cualificada que demanda en cada momento el propio mercado de trabajo.

En segundo lugar, una posición más realista es la que admite un mercado de la educación limitado, es decir, con regulación estatal pero de mínimos (mínimo estándar de calidad, mínima cualificación, mínima inspección estatal, etc.). Lógicamente, aquí hay más defensores que en el nivel anterior, pero las preguntas importantes seguirían sin respuesta: ¿cómo llegar con este sistema a toda la población escolar?, ¿se atendería a una minoría y se abandonaría a su suerte a la mayoría?, ¿cómo se evitaría el vacío creciente entre los privilegiados por la educación y los iletrados que carecerían de ella?

En tercer lugar estarían los que defienden un mercado de la educación subsidiado, caracterizado por la existencia de un sistema dual de centros públicos y privados, si bien los privados, para competir con los públicos, serían subvencionados por medio del cheque escolar. Como ya vimos, la elección de los padres favorecería a determinadas escuelas y cerraría otras, aunque la evidencia empírica muestra que los malos centros siguen existiendo durante largo tiempo y que las buenas escuelas incrementan su alumnado por razones no estrictamente pedagógicas (ingreso según expediente académico, mayor homogeneidad del alumnado, no admisión de alumnos inmigrantes, etc.).

En cuarto lugar, la existencia de redes complementarias de educación, lo que significa la aceptación del sistema dual con todas sus consecuencias, evitando, de un lado, el monopolio estatal de la educación, y, de otro, la existencia de escuelas privadas que consagren el privilegio. Probablemente es el modelo que se acerca a un mayor equilibrio entre los principios de libertad e igualdad, de justicia social y equidad, pero también es el más difícil de realizar. Supone la búsqueda de un consenso social y político que tenga en cuenta las exigencias que se derivan de la escuela pública y de la privada, lo que no impide la financiación pública de ambas redes (si bien con determinadas condiciones comúnmente aceptadas). El principio de competencia es sustituido aquí por el de cooperación entre las redes.

Finalmente, en el otro extremo del arco habría una sola red de escuelas públicas, bien porque así suceda en la realidad como consecuencia de factores históricos —el caso de algunos países del norte europeo—, bien porque las escuelas privadas se integraran en el sistema público de educación con todas las garantías que permite el principio de libertad. Este modelo, no obstante, sólo es posible si la enseñanza privada no existe o es porcentualmente muy escasa; aun cuando en este último caso sería preferible su persistencia mediante la financiación pública.

La privatización en definitiva parte de la presunción, nunca probada, de que las escuelas privadas son más eficaces que las públicas, de que merece la pena canalizar los escasos fondos hacia los centros privados cuya calidad es siempre más hacedera, o, en última instancia, utilizar los recursos públicos para fomentar la competencia entre las escuelas públicas y las privadas, haciendo uso, en este último caso, del cheque escolar, esto es, del bono que se entrega a los padres para que con él elijan la mejor educación para sus hijos en un centro o en otro. Lo que ocurre es que las escuelas privadas terminan seleccionando a sus alum-

© Ediciones Morata, S. L.

nos directamente o captando los mejores alumnos de las escuelas públicas, tal como ocurrió en el Chile de Pinochet, verdadero laboratorio en el que se aplicó la privatización (y la descentralización) en su versión más drásticamente neoliberal. Pero, como afirma Carnoy, varios años después de esta experiencia, el ejemplo chileno no vino a corroborar la efectividad de esta idea de la competencia entre la escuela privada y la pública; fue preciso que el gobierno de concertación que trajo a Chile la democracia aplicara nuevos recursos para mejorar las escuelas públicas: la descentralización y la autonomía de la escuela pueden mejorar la educación, pero la experiencia chilena, y en parte la brasileña, "demuestran que los progresos educativos resultan de una acción sistémica 'dirigida' por una autoridad central" (Carnoy, 2001, pág. 117). Es el efecto combinado de las autoridades centrales, los poderes locales y la propia comunidad escolar el que asegura la calidad de los centros docentes.

CAPÍTULO VIII

El problema de los derechos sociales: Estado de bienestar, neoliberalismo y educación

En la segunda fase de la Revolución francesa hubo un programa político basado en el principio de igualdad que puede ser calificado de verdadera anticipación democrática, de proyecto embrionario susceptible de un despliegue posterior. El núcleo de ese embrión fue la igualdad social, una igualdad que exigía un mínimun económico para que los ciudadanos pudieran desarrollar la libertad política que conduce a la democracia. Por eso se ha dicho que "para garantizar las bases de la independencia económica que permita el ejercicio de la capacidad política, es por lo que los derechos sociales, esa segunda invención de los derechos del hombre, son introducidos en la Declaración de 1793" (GALLISSOT, 1991, pág. 33). De esta forma, los derechos sociales de 1793 vienen a completar los derechos de libertad de 1789.

Sin embargo, los trágicos errores de los portadores de esta concepción democrática de los derechos —y la reacción extraordinaria que suscitó— llevaron al principio democrático a los bordes mismos de su extinción, arrastrando en su caída la idea de la educación como un derecho social. A pesar de todo, durante el largo siglo XIX, el principio de igualdad no permaneció inoperante, convirtiéndose pronto en una idea–fuerza que animó el espíritu de la izquierda europea. Como ya quedó indicado en capítulos anteriores, el principio de igualdad animó la lucha por la escolarización obligatoria y gratuita, pugnando no sólo por impartir una educación básica a toda la población, sino también por ampliar el número de años de escolaridad y por extender los conocimientos incluidos en el currículum; sin embargo, el derecho a la escolarización obligatoria, universal y gratuita, aunque se asentó a lo largo del siglo XIX en todos los países del mundo occidental, tenía profundas limitaciones: se circunscribía sólo a la Educación Primaria, dejaba subsistente la estructura bipolar del sistema educativo y reposaba sobre la buena voluntad de los Estados para su implantación. Sólo con la aparición del Estado de bienestar en el siglo XX fue posible que la tendencia iniciada en 1793 llegara a su culminación, consolidándose la educación como un derecho fundamental; más aún, como un derecho social de contenido prestacional que exige la intervención del Estado.

Origen y evolución del Estado de bienestar

El inhibicionismo del Estado, predicado por el liberalismo político, sufrió grandes correcciones, debido en gran parte a la aparición del cuarto estado —el proletariado—, poderosa fuerza social que puso de manifiesto las contradicciones del Estado liberal y la necesidad de revisar las relaciones entre el Estado y la Sociedad. La convicción liberal de que la oferta y la demanda producirían la armonía del mercado y el equilibrio económico, dio paso a la evidencia de las luchas oligopolísticas por el control del mercado y a la convicción, no menor que la primera, de que no había un equilibrio justo entre el capital y el trabajo. Los conflictos sociales, la presión de los sindicatos obreros, las luchas de los partidos de clase, el nacimiento de asociaciones internacionales obreras, dieron lugar a un creciente intervencionismo del Estado en el campo económico y social. Comenzó a cobrar fuerza la tesis de que el Estado no es sólo un artificio necesario para el logro de la seguridad, de que el Estado añade algo a la Sociedad, de que el Estado es preciso para introducir en la Sociedad la cuota de justicia que la haga aceptable para todos. Es justamente esta evolución la que marca el tránsito del Estado liberal al Estado de bienestar, y la que explica la relación de esta nueva forma estatal con los derechos sociales.

El nacimiento de los derechos sociales supuso una profunda transformación de la concepción del Estado liberal. No se trataba sólo de garantizar un espacio de autonomía privada, de respetar unos derechos de libertad de contenido negativo —no hacer, no intervenir—, sino de garantizar también unos derechos de contenido positivo, unos derechos prestacionales que por su propia naturaleza exigían del Estado todo lo contrario: hacer, intervenir, regular. Este proceso puede situarse en torno a la Primera Guerra Mundial, aunque el primer hito corresponda a la Constitución mexicana de Querétaro de 1917.

© Ediciones Morata, S. L.

La revolución mexicana de 1910, como todas las revoluciones, reconoció derechos clásicos por cuya adquisición se luchaba pero, sobre todo, trastocó el régimen jurídico, social y político del viejo Estado liberal, incorporando por primera vez en el mundo los derechos sociales. La Cámara constituyente reunida en Querétaro debatió un proyecto de reforma de la vieja Constitución liberal de 1857, presenció debates espectaculares en torno al Artículo 3.º sobre la libertad de enseñanza y al artículo 130 sobre culto y religión, pero estas apasionadas polémicas pertenecían en realidad al pasado. Lo innovador, lo realmente nuevo, fue la discusión inicial del Artículo 5.º del proyecto constitucional, encaminado a introducir la jornada laboral de ocho horas, el descanso dominical obligatorio y la prohibición del trabajo nocturno para mujeres y niños, así como el Artículo 27 sobre la cuestión agraria. Pronto se vio que el proyecto de reforma presentado era insuficiente para las demandas revolucionarias de los diputados constituyentes. De esa insatisfacción nació el Título VI de la Constitución, dedicado al trabajo y a la previsión social, y, dentro de este marco, a los derechos sociales.

Estamos, pues, ante una revolución que se mueve entre lo viejo y lo nuevo. Viejo fue el debate sobre la educación, centrado en torno a la libertad de enseñanza, alcanzada ya en otras sociedades allende el Atlántico (aunque decretar la educación laica y gratuita, y prohibir la enseñanza confesional, fue revolucionario para el México de principios de siglo). Sin embargo, los constituyentes no fueron revolucionarios en educación, ya que "la obra original y propia de la asamblea de Querétaro consistió en las trascendentales novedades que introdujo en las materias obreras y agrarias", bastantes por sí solas para dar a luz a los derechos sociales dirigidos a las clases obreras y campesinas (TENA, 1980, pág. 813).

Fue el Título VI, pues, el que colocó en primer plano los derechos sociales. El Artículo 123, prolijo y extenso, reguló, por vez primera en una norma de rango constitucional, los derechos de la mujer trabajadora, el derecho al salario mínimo, el derecho de asociación de empresarios y obreros, el trabajo como relación contractual sometida a una regulación externa a la voluntad de las partes, los accidentes de trabajo, la seguridad e higiene en las fábricas, el derecho de huelga y los instrumentos de previsión social (seguros sociales, jubilación, invalidez, etc.). La semilla de los derechos sociales estaba sembrada.

A la revolución mexicana se unió pronto otra revolución, llamada a ejercer un gran impacto sobre las sociedades del siglo XX. La Revolución rusa y la Declaración de los Derechos del Pueblo Trabajador y Explotado de 1918, inédita aún la esperanza en la apertura de una nueva era, abrieron el camino para una aceptación universal de los derechos sociales. Con independencia del rumbo totalitario que tomó la revolución rusa, lo cierto es que, a partir de ella, no bastó ya con reconocer los derechos del hombre en cuanto individuo si no se garantizaba al mismo tiempo las condiciones para su desarrollo. El ser humano va a ser considerado ahora en su especificidad, en sus distintas maneras de estar en la sociedad, como niño, como joven, adulto o anciano, como mujer o como minusválido, como obrero o como estudiante, situaciones diversas de las que nacen derechos con virtualidad jurídica. A la vez, los derechos sociales suponen una transformación del Estado liberal, que no sólo ha de garantizar los derechos civiles y los derechos políticos, para cuya vigencia es suficiente con que sean reconocidos, sino que el Estado ha de realizar prestaciones positivas para que el hombre pueda ejercer sus derechos sociales. Esta mutación significaba pasar del Estado liberal inhibicionista al Estado social intervencionista, al llamado Estado de bienestar.

Ese paso lo dio la Constitución de Weimar de 1919, que es la Primera Constitución europea que, junto a la clásica tabla de derechos civiles y políticos, regula los derechos sociales. Regula la familia como grupo social, reconoce la igualdad de derechos de los dos sexos, los derechos de la maternidad y los de la infancia. Regula los derechos de los alumnos, de los fieles de las confesiones religiosas y de los empresarios y trabajadores. El Artículo 151 establece que la vida económica "debe ser organizada de conformidad con los principios de la justicia a fin de garantizar a todos una existencia digna del hombre". El Artículo 153 señala que "la propiedad implica obligaciones" y que "su uso debe ser en el interés general", con lo que aparece ya la idea de la propiedad como función social (BATTAGLIA, 1966, págs. 167–168). La Carta de Weimar, por su temprana aparición y por la influencia que ejerció en el mundo occidental, ha podido ser calificada como un modelo de regulación de los derechos sociales.

A Weimar le siguió el giro copernicano que el *new deal* supuso para un país como los Estados Unidos, de fuerte tradición liberal y, por tanto, inhibicionista. Como es sabido, esta nación sufrió un cataclismo económico en la gran crisis de 1929. No resulta exagerado afirmar que, cuando se produjeron las elecciones presidenciales de 1932, la economía de los Estados Unidos se encontraba en el peor momento de su historia. El triunfo del partido demócrata, con Roosevelt a la cabeza, supuso el éxito de un programa drástico de intervención del Estado en la estructura socioeconómica: crecimiento acelerado del gasto público federal, fortalecimiento de los poderes de la Federación, y, por tanto, de la centralización administrativa, consolidación de la autoridad presidencial, programas sociales completamente inéditos para el pueblo americano, etc.

© Ediciones Morata, S. L.

Fue el fin de una larga tradición estadounidense, la del *laissez faire–laissez paser,* y el comienzo de una nueva presencia del Estado que, en cierto modo, anunciaba lo que iba a ser un rasgo común a los países del hemisferio occidental en la Segunda Posguerra Mundial.

Terminada la Segunda Guerra Mundial, el escenario que apareció ante los políticos fue éste: una Europa arrasada y destrozada por la guerra; millones de soldados desmovilizados y sin empleo; miseria y sensación colectiva de desamparo en todas partes; unos partidos comunistas en auge, favorecidos por su papel en la resistencia al nazismo y aupados por el fervor popular. El espectro de la revolución social que, según Marx y Engels, recorrió Europa en el siglo xix, no era ya un fantasma: era una apremiante realidad. Todos estos factores hicieron sonar la alarma en las cancillerías europeas. Fue el tiempo del gran pacto, de un consenso sin precedentes en la historia occidental. Para hacer frente al espectro de la revolución, los grandes sindicatos, los principales partidos europeos —socialdemócratas y democristianos—, las grandes empresas y los gobiernos dieron carta de naturaleza a los derechos sociales, derechos de contenido prestacional cuya efectividad era ahora una obligación de los Estados: ayudas a los más necesitados; seguridad social en su triple vertiente de pensiones de jubilación, seguro de enfermedad y subsidio de desempleo; legislación laboral con carácter tuitivo y protector para las clases trabajadoras; sanidad pública universal; derecho a la educación obligatoria y gratuita, pero también política de puertas abiertas para el acceso a la Enseñanza Secundaria y a las Universidades. Como puede verse, el Estado de bienestar se constituyó formalmente sobre un sólido trípode: sanidad, protección social y educación para todos.

Surgía de este modo el Estado benefactor o de bienestar, fruto de una época de prosperidad. Los gobiernos socialdemócratas de Europa pactaron con los sindicatos una política dirigida a la consecución de los derechos sociales, dando lugar a lo que se ha llamado la segunda generación de los derechos del hombre. Desde entonces, destacaron entre ellos la sanidad, la protección social y la educación.

La ciudadanía social y la educación

Thomas Humprey Marshall, en una conferencia que dictó en Cambridge en 1949, acuñó el concepto de ciudadanía social. En contraposición a la situación de súbdito en que se encontraba el individuo en la sociedad feudal, la ciudadanía que aparece con la Revolución francesa se forja como un nuevo estatus, una nueva categoría política, producto

© Ediciones Morata, S. L.

de una larga evolución en la que MARSHALL distinguía tres fases distintas: la ciudadanía civil, la ciudadanía política y la ciudadanía social, destacando en cada una de ellas un elemento propio.

Para MARSHALL, la ciudadanía civil hacía referencia a los derechos necesarios para la libertad individual: libertad de expresión, de pensamiento, de conciencia y de culto, libertad para establecer contratos, etc., además del derecho de propiedad. Son los derechos que constituyen el soporte de la libertad civil. Al tratarse de derechos propios de la libertad personal, pueden entrar en conflicto con los de otros individuos. En este caso, MARSHALL señala que las instituciones directamente relacionadas con los derechos civiles son los tribunales de justicia.

La ciudadanía política en MARSHALL está en íntima relación con el derecho a participar en el ejercicio del poder político, bien como miembro de un cuerpo investido de autoridad política, bien como elector. Las instituciones correspondientes son el parlamento y los órganos de gobierno de carácter local.

Finalmente, la ciudadanía social, verdadera innovación histórica:

"[...] abarca todo el espectro, desde el derecho a la seguridad y a un mínimo de bienestar económico al de compartir plenamente la herencia social y vivir la vida de un ser civilizado conforme a los estándares predominantes en la sociedad. Las instituciones directamente relacionadas son, en este caso, el sistema educativo y los servicios sociales.
(MARSHALL, 1998, pág. 23.)

En esta evolución, los derechos que se corresponden con la ciudadanía civil fueron los primeros en manifestarse en la Revolución inglesa del siglo XVII, los derechos de la ciudadanía política son propios del siglo XIX europeo y americano, y los derechos de la ciudadanía social son los que corresponden al siglo XX, aunque tanto los derechos civiles como los derechos políticos confluyen en la Revolución francesa, que es la que les otorga un marchamo universal, mientras que los derechos sociales se identifican con el Estado de bienestar del siglo XX y, en consecuencia, con los países de la Europa occidental.

La ciudadanía social se corresponde, pues, con el Estado de bienestar, lo que significa una fuerte corrección del individualismo liberal mediante la incorporación a la vida política de los derechos sociales, que forman ahora un apretado haz de derechos que conviven con los clásicos derechos de libertad. Por otra parte, estamos ante un Estado que no sólo vela por la producción y distribución de bienes y servicios, sino, especialmente, por su redistribución, en el bien entendido de que dichos bienes y servicios no son sólo económicos sino también sociales, políticos, culturales y educativos. Es, en definitiva, un Estado de presta-

© Ediciones Morata, S. L.

ciones o, como también se le ha denominado, un Estado providencia, un Estado conformador del orden social.

El Estado de bienestar supone, por tanto, la superación del antiestatismo liberal. De ahí que se propugne un Estado decididamente intervencionista, dotado de un poder ejecutivo fuerte capaz de superar las contradicciones del liberalismo clásico. Ahora bien, el hecho de que a los Estados se les dote de un poder ejecutivo fuerte no significa que éste pueda ser un poder incontrolado. Dicho de otra forma, el Estado de bienestar continúa reuniendo las características propias del Estado de derecho, esto es, continúa sometido al imperio de la ley, actuando bajo el principio de la división de poderes, respetando y garantizando los derechos de libertad y actuando bajo reglas de derecho.

¿Qué significó la incorporación de la educación como derecho social a las Constituciones y a las políticas de esta época? Significó el comienzo del fin de un viejo mundo en el que la educación era en sí misma una de las causas principales de la desigualdad y uno de los motores de la estratificación y reproducción sociales. Antes del Estado de bienestar, las clases trabajadoras acudían a la escuela pública para recibir la Educación Primaria, siendo muy escaso el número de aquellos que podían proseguir su educación por la vía del Bachillerato o la Universidad. Estos dos últimos niveles estaban reservados para las clases media y superior de las sociedades europeas. Cuando la presión popular obligó a crear la Enseñanza Primaria Superior; o la formación profesional, siguieron siendo niveles o estudios que carecían de conexión con el resto del sistema educativo. Más aún, el latín, por ejemplo, se reforzó, haciendo de esta lengua clásica la barrera que impedía el acceso al Bachillerato, convirtiéndolo en la lengua de la Enseñanza Secundaria. Hasta la constitución del Estado de bienestar podemos decir que la educación era en realidad una escalera angosta y corta para unos, ancha y larga para otros.

Con el Estado de bienestar, la educación se convirtió en uno de los derechos sociales de carácter prioritario, pudiendo decirse que, en general, la mayoría de los Estados que adoptaron la vía del bienestar supieron hacer frente políticamente a este reto, iniciando un proceso de democratización de la educación caracterizado fundamentalmente por la extensión de la educación básica a toda la población, el acceso a la Enseñanza Secundaria y la apertura a la Educación Universitaria y Superior.

El Estado de bienestar supuso, pues, la democratización de la educación, es decir, su extensión a todas las clases sociales, y, como consecuencia fundamental de esta política, la ruptura de la estructura bipolar de los sistemas educativos. Para hacer frente a la extensión de la

© Ediciones Morata, S. L.

educación, se pusieron en práctica amplias políticas de escolarización, no sólo en la Educación Primaria sino también en la Secundaria y en la Superior, movilizando para ello recursos en cantidades desconocidas hasta el momento (nuevos profesores, nuevas aulas, nueva organización administrativa, etc.). Para hacer posible una nueva estructura del sistema educativo, superadora de la dualidad tradicional, la población escolar dejó de estar dividida a edades muy tempranas en dos grandes tramos, uno para las clases populares —la Educación Primaria— y otro para las clases media y superior —la Segunda Enseñanza y la Universitaria—; ahora toda la población comenzó a recibir una educación común de larga duración, dando lugar al nacimiento de la escuela integrada o comprensiva.

Ciñéndonos ahora a los Estados de las sociedades occidentales, que es donde se produjo el fenómeno del Estado de bienestar, aunque la "explosión escolar" estallase prácticamente en todo el mundo, debe resaltarse cómo en la realización de este derecho incidieron factores económicos, sociales y políticos, todos ellos ligados al Estado de bienestar.

En primer lugar, factores económicos. El Estado de bienestar tuvo siempre entre uno de sus objetivos principales el desarrollo económico, ya que subyacía a su filosofía política que un medio importante para aligerar la gravedad de las tensiones y de los conflictos sociales consistía, precisamente, en facilitar el acceso de toda la población al consumo y al bienestar económico. Dentro de la teoría del desarrollo económico ocupó un papel importante la educación, atribuyéndose a los sistemas educativos la misión de proporcionar al mercado la cualificación técnica de la fuerza de trabajo que el progreso tecnológico precisaba. De ahí, en parte, la democratización de la educación.

En segundo lugar, factores sociales. Es la hora de la concepción de la educación como factor de cambio, de la educación como transformación social. Se piensa que la extensión de la educación terminará con las desigualdades sociales, promoviéndose la movilidad y la justicia sociales. Para ello no basta la simple extensión de la educación, sino que, a fin de hacer justicia al principio de igualdad, será preciso eliminar también las desigualdades existentes en los propios sistemas educativos. La educación compensatoria entra en el sistema educativo por la puerta grande.

En tercer lugar, pero no por ello en último lugar, factores políticos. El anhelo de justicia y de bienestar sociales será tomado en cuenta por todos los partidos políticos. Con mayor o menor distancia en el tiempo, todos los partidos occidentales incorporarán a sus programas electorales la alfabetización de adultos, la educación compensatoria, la

© Ediciones Morata, S. L.

extensión de la instrucción básica y la facilidad de acceso a las enseñanzas media y superior.

En la actualidad, algunas de estas premisas han perdido su inocencia primera. El Estado de bienestar, como consecuencia de la grave crisis económica de 1973, comparada por algunos con la de 1929, lucha por sobrevivir. Una oleada de neoliberalismo penetró en el mundo occidental. No sólo se cuestionó la intervención del Estado en el campo de la economía, sino también su condición de agente prestador de servicios sociales. Incluso surgieron teorías que predicaban la inhibición del Estado en materia de educación y se puso en práctica en determinados países una drástica reducción presupuestaria.

La crisis del Estado de bienestar

Como hemos visto, el Estado de bienestar fue un producto de la Segunda Posguerra Mundial, obra del consenso de las grandes fuerzas políticas del momento. Lo que algunos autores han llamado "la construcción más importante de las fuerzas democráticas" funcionó bien mientras Europa occidental disfrutó de una época dorada de prosperidad: altos índices de crecimiento económico, baja inflación, pleno empleo y alza continua de los salarios. Sobre esta base, se impulsó una amplia política de redistribución de bienes y servicios. Dicha política, sin embargo, se vio frenada como consecuencia de dos hechos fundamentales: la crisis económica de 1973 y el hundimiento del comunismo en el bienio 1989-1991.

La crisis económica de los años setenta dio lugar a un fenómeno nuevo que los economistas denominaron estanflación, esto es, la insólita conjunción del estancamiento económico y la inflación. Una de las consecuencias más graves de la estanflación fue la elevada cifra de paro registrada en pocos años, lo que supuso un enorme coste social para el Estado de bienestar (subsidios de desempleo y pensiones anticipadas, especialmente). Por otra parte, la aparición creciente de las nuevas tecnologías, progresivamente intensivas en capital, aceleró la expulsión del mercado de la mano de obra poco cualificada. La fuerte presión del coste social que estos fenómenos supusieron, junto con las nuevas tendencias demográficas —aumento de la esperanza de vida y de la longevidad, disminución alarmante de la población activa como consecuencia del bajo índice de natalidad—, dieron lugar a lo que se ha denominado la crisis fiscal del Estado de bienestar, producida por el desequilibrio entre los bajos ingresos derivados de una menor recaudación tributaria y el incremento constante de las demandas sociales.

© Ediciones Morata, S. L.

Frente a esta situación, el discurso de la derecha política fue señalar que no había suficientes recursos económicos para mantener el Estado de bienestar, por lo que había que desmantelarlo o reducirlo al mínimo. La contestación de la izquierda política fue que los beneficios del Estado de bienestar se debían dirigir a la mayor parte de la población, y que mantenerlos significaba la realización de una política redistributiva que gravase a las clases económicamente más favorecidas por la nueva situación.

El problema se agravó con el derrumbe del comunismo en los últimos años de la década de los ochenta y primeros de los noventa. Debe recordarse que el pacto social que dio lugar al Estado de bienestar en la Segunda Posguerra Mundial tuvo como principal argumento el de contener el avance del comunismo en la Europa occidental, o, en otros términos, detener la temida revolución social. Desaparecido ese peligro con el hundimiento del comunismo, la lógica del capital volvió a sus planteamientos tradicionales: hay que recortar los salarios económicos porque suponen un coste que incide en los beneficios, y hay que eliminar o reducir los salarios sociales para rebajar el coste de las políticas tributarias y de redistribución.

Ante esta situación, tres fueron las posiciones políticas a la hora de afrontar la crisis del Estado de bienestar. *Una de ellas* fue el neoliberalismo, triunfante en 1979 en el Reino Unido con la política de Margaret Thatcher y en los Estados Unidos con el presidente Reagan en 1980, consistente en el máximo desmantelamiento posible del Estado de bienestar (lo que tuvo una especial repercusión entre los británicos, que fueron de los primeros en implantar un Estado de bienestar y que vieron en poco tiempo un deterioro progresivo de los servicios públicos de salud y educación en los que tanto habían destacado). El neoliberalismo, aún vigente, busca en definitiva que el mercado opere libremente, sin interferencias de ninguna clase, a fin de que el mercado pueda resolver por sí solo los problemas existentes.

Una segunda posición, en la que habría que inscribir a la actual democracia cristiana, una de las fuerzas impulsoras del histórico pacto social, fue partidaria, sin llegar a las conclusiones extremas del neoliberalismo, de propugnar una reforma sustancial del Estado de bienestar, introduciendo los recortes quirúrgicos que fueran precisos.

Finalmente, la socialdemocracia europea, si bien en un principio respondió con la idea de blindar el Estado de bienestar, más tarde se encaminó también por la senda de las reformas, aunque con la finalidad de preservar las grandes conquistas del Estado de bienestar, erradicar los errores cometidos y practicar políticas sociales que atendieran especialmente a los más desfavorecidos.

© Ediciones Morata, S. L.

El problema de los derechos sociales: Estado de bienestar... 113

Aunque el neoliberalismo esté dando muestras de agotamiento, merece un estudio especial, no sólo porque se ha enseñoreado de la escena política durante las dos últimas décadas del siglo xx y principios del xxi, sino, sobre todo, porque ha tenido una especial incidencia en la educación, cuyos efectos pueden todavía observarse en diversos países de la Europa occidental y de América Latina.

Un nuevo escenario ideológico

La Inglaterra de Thatcher y los Estados Unidos de Reagan fueron el escenario donde se produjo lo que VALLESPÍN ha llamado el acoso del Estado (2000). Hemos asistido, de este modo, al triunfo de la lógica del mercado, a la aparición de una nueva ideología —el neoliberalismo— que aspira a ser el "pensamiento único" del mundo occidental, aunque en un mundo tan plural como el nuestro esta aspiración no sea ideológicamente posible. En todo caso, el Estado de bienestar, que había sufrido en el pasado la fuerte crítica del pensamiento neomarxista (las políticas sociales se consideraban "paños calientes" para evitar la revolución social), tuvo que padecer ahora los duros embates de la ideología neoliberal —mayoritaria entre las fuerzas sociales, políticas, económicas y culturales que dieron lugar a la "revolución conservadora"—, orientada hacia la consecución de un Estado mínimo, sustituyendo las políticas keynesianas por las monetaristas y reduciendo el gasto público social a lo absolutamente imprescindible: protección limitada a los muy pobres y a los muy ancianos (siempre que éstos carezcan del correspondiente soporte familiar).

En el ámbito económico, ganaron las políticas dirigidas a reducir la inflación a niveles verdaderamente históricos, a conseguir una drástica reducción del déficit presupuestario —buscando el equilibrio de ingresos y gastos (déficit cero), y a veces el superávit presupuestario—, a rebajar los impuestos para favorecer el ahorro y la inversión, a erradicar el salario mínimo y la regulación laboral a fin de hacer posible la flexibilidad del mercado de trabajo (eufemismo que encubre el despido libre), a favorecer la total libertad de movimiento de capitales, a implantar, en suma, un modelo económico muy distinto del que a partir del *new deal* había regido en el mundo occidental. No fue ajeno a este triunfo el apoyo decidido a esas políticas por organismos internacionales como el Banco Mundial (BM), el Fondo Monetario Internacional (FMI) o la Organización para la Cooperación y el Desarrollo Económico (OCDE), así como por los medios de comunicación más relacionados con los mercados financieros. Sin embargo, y sin abandonar el campo estrictamente económico,

© Ediciones Morata, S. L.

la evidencia empírica muestra que, después de más de veinte años de políticas neoliberales, "estas políticas no han tenido tanto éxito como se proclaman, sino que han tenido resultados menos exitosos que las políticas keynesianas que sustituyeron" (NAVARRO, 1998, pág. 19). En realidad, estamos ante un pensamiento más político que económico, o, mejor, ante una nueva ideología que trata de redefinir y repensar el mundo desde categorías muy conservadoras, ajenas a principios tan anclados en la conciencia del mundo occidental como los de igualdad, justicia y solidaridad.

En el ámbito político, la derrota del comunismo trajo consigo el fin de un modelo que, paradójicamente, afectó al más firme sostén del Estado de bienestar, esto es, a la socialdemocracia europea, caracterizada desde su nacimiento por una opción clara a favor de las libertades públicas y del sistema democrático, así como por la repulsa de las llamadas "democracias populares", propias de los regímenes comunistas. Pero la repercusión de los acontecimientos de 1989 y 1991 no ha sido sólo política. Como no hace mucho se ha dicho, "la derrota económica del comunismo es todavía más grave que su derrota política" (SARTORI, 1993, pág. 24), y lo es porque todo un modelo económico alternativo, el de la economía planificada de dirección central, ha sido abatido, abriendo así las puertas al triunfo cuasi absoluto de la economía de mercado. Con la caída de este modelo alternativo sucumbía también la idea de que el Estado, y no el Mercado, podía ser un instrumento idóneo para asegurar la producción, la distribución y el reparto de bienes y servicios.

El neoliberalismo como fenómeno político y su incidencia en la educación

La historia del neoliberalismo se remonta a dos fechas y acontecimientos distintos, aunque relacionados entre sí: de una parte, un texto que hoy podemos considerar básico para la compresión de este nuevo discurso, *Camino de servidumbre*, obra de HAYEK, publicada en 1944; de otra, la reunión convocada por el mismo HAYEK en 1947 en Mont Pelerin (Suiza), a la que acudieron personalidades tan notables hoy como Milton FRIEDMAN, Karl POPPER, Lionel ROBBINS, etc. De allí salió una nueva fundación, que tomó el nombre del lugar citado, destinada a combatir las ideas entonces triunfantes del keynesianismo y del recién creado Estado de bienestar. Las ideas esenciales de carácter neoliberal ya estaban ahí: la intervención del Estado hace peligrar la eficacia del mercado; la igualdad de oportunidades pone en riesgo la libertad de los ciudadanos; el incremento del gasto público de carácter social desequilibra la estabilidad económica, etc. Reconozcamos, de entrada, el coraje intelectual de este grupo de neoliberales que, durante cerca de treinta años, fue la voz que clamaba en el desierto de Occidente, un desierto que era en realidad un floreciente oasis en medio de la pobreza del Tercer Mundo circundante. La ocasión para este nuevo discurso llegó, como sabemos, en los primeros años de la década de los setenta del pasado siglo.

Los años cincuenta y sesenta fueron las décadas gloriosas del mundo occidental. En los setenta, sin embargo, esta línea ascendente de crecimiento y desarrollo económico quebró de un modo brusco y radical. Hubo varios factores, pero el principal acontecimiento desencadenante tuvo lugar, como ya dijimos, en 1973, con el inesperado aumento del petróleo, con la existencia de situaciones de estancamiento económico —los países de la OCDE pasaron de una tasa de aumento del PIB del 5% al crecimiento cero— y con la aparición de una fuerte inflación. La segunda crisis del petróleo, la de 1978, impuso definitivamente las tesis del monetarismo, la restricción del gasto público y el fin del keynesianismo. Al año siguiente, en 1979, los conservadores llegaban al poder en el Reino Unido de la mano de Margaret Thatcher y, poco tiempo después, lo hacía Ronald Reagan en los Estados Unidos. Un nuevo paradigma, con fuertes aspiraciones hegemónicas, el neoliberalismo, iba a extenderse sobre el mundo occidental.

En realidad, deberíamos hablar más bien de una "nueva derecha" o, si se quiere, del "thatcherismo": tal fue la influencia de esta corriente británica en todo el mundo. Como LAWTON y otros autores han señalado, el thatcherismo fue una mezcla de neoliberalismo y de neoconservadurismo, lo que no es "en modo alguno completamente compatible" (1994, pág. 2). Y no lo es, aclara LAWTON, porque no estamos ante una nueva derecha monolítica, sino ante una derecha que trata de hacer converger tendencias distintas, aunque los fines últimos sean los mismos.

Los neoliberales son la derecha económica. Se basan en el *laissez faire*, hunden sus raíces en Adam SMITH y su máximo exponente es HAYEK: las necesidades humanas se resuelven satisfactoriamente por el libre juego del mercado, desarrollado espontáneamente a lo largo de múltiples generaciones, y no por la intervención de los poderes públicos (1977). De ahí que el neoliberalismo sea firme partidario del Estado mínimo, o lo que es lo mismo, de un Estado que, mediante el ejército y la policía, garantice el orden y la seguridad que los mercados necesitan para desenvolverse. En el fondo de este discurso lo que late es una concepción optimista de la vida, la remembranza de una vieja fe, la creencia de que, persiguiendo los hombres su propio egoísmo, la *mano invisible* del mercado pondrá los intereses particulares al servicio del interés general, transformando de este modo un impulso egoísta en un bien público.

© Ediciones Morata, S. L.

Esta derecha económica ha aplicado sin demasiados miramientos una concepción economicista a múltiples campos, sin que pueda decirse que la educación no haya sido contaminada. Más aún, su aplicación ha tenido tal éxito que casi todo el mundo, incluida la izquierda política, ha adoptado, consciente o inconscientemente, el lenguaje economicista sobre la educación. Así, hoy se habla con toda naturalidad de *oferta* pedagógica, *demanda* de educación, *eficacia* de la educación, *competencia* entre los centros docentes, atención a los padres y alumnos como *clientes*, etc. Ahora bien, detrás de estos términos hay un discurso economicista que conscientemente considera a la educación como un bien de mercado y a los padres como consumidores de educación que, en cuanto tales, demandan de los centros docentes un producto de calidad. Serán, pues, las leyes del mercado, la oferta y la demanda, las que deberán dirimir la cuestión —de ahí las continuas apelaciones a la competencia entre los centros docentes—, olvidando la especificidad pedagógica de la escuela, en la que por su propia naturaleza intervienen factores más importantes que los puramente económicos.

El ideal de los neoliberales sería la desaparición completa de la educación pública, la privatización total de la educación —ésta sería sólo un asunto privado, y no competencia de los gobiernos—: los padres tendrían entonces completa libertad para elegir de entre los diferentes centros privados la educación que prefirieran para sus hijos (siempre y cuando, claro está, tuvieran suficiente capacidad de pago). Obviamente, estamos ante una ideología que no ha podido implantarse en toda su crudeza en ningún país de los que han sido largamente gobernados por los neoliberales, sin duda porque dos siglos de educación pública han creado un fuerte valladar y una convicción arraigada en los ciudadanos acerca de su derecho a la educación (ningún gobierno se ha atrevido a realizar la ideología neoliberal en su estado puro). La realidad política, —incluso en la Inglaterra de Thatcher o en los Estados Unidos de Reagan—, impuso la aceptación a regañadientes del sistema de educación existente, público y privado, si bien con una fuerte tendencia a la privatización, que se manifestó en la aspiración a implantar el cheque escolar y a pivotar toda la política educativa sobre la libre elección de centros. El cheque escolar, sin embargo, no ha podido ser objeto de generalización en ningún país (su elevado costo divide a la propia derecha neoliberal) y la libertad de elección de centro no se ha revelado hasta el momento como la panacea que resuelve todas las contradicciones de esta nueva política educativa.

Los neoconservadores, en cambio, constituyen la derecha cultural. Partiendo de una concepción pesimista del hombre, hobbesiana, reclaman un Estado fuerte que sea capaz de hacer frente al mal, incluso para proteger al débil, imponiendo los viejos valores de orden, seguridad, bue-

© Ediciones Morata, S. L.

nas costumbres, tradición, etc. Su mejor exponente sería la obra de William BANNET, *The book of virtues*, aparecida en 1994 en los Estados Unidos, uno de los libros más vendidos del país, en el que se predica a los niños una fábula moral que tiene la finalidad de restablecer las "virtudes tradicionales", o lo que es lo mismo, una determinada lectura del patriotismo, la honradez, los principios morales y el espíritu emprendedor.

Los neoconservadores parten de una concepción idealista del pasado en que, según ellos, se enseñaban en la escuela los valores tradicionales y, además, se daba una educación de calidad. Para esta ideología, —la sociedad igualitaria buscada por el Estado de bienestar— ha introducido la mediocridad en las escuelas, ha "igualado por abajo" y ha debilitado los valores que hacen fuerte a una nación. De ahí su insistencia en el deterioro de las humanidades y la necesidad de recuperar el currículum tradicional que encarna los viejos valores, especialmente la historia y la literatura nacionales. De ahí también el discurso de la excelencia de la calidad a perseguir. De ahí, finalmente, la necesidad de un Estado fuerte, capaz de intervenir en la educación, de sustraerla del dominio de los profesores y de sus sindicatos y asociaciones, de configurar un nuevo currículum de acuerdo con los viejos valores y de exigirlo mediante el control del rendimiento de los escolares y de los propios centros docentes. Aunque aquí no es el mercado el que resuelve el problema, sino un Estado fuerte, esta tendencia ha logrado en la política práctica de la nueva derecha introducir elementos importantes de su discurso ideológico: el currículum nacional, los exámenes nacionales, la evaluación de los centros, etc.

El discurso de la nueva derecha y la educación

¿Cuál ha sido el impacto de las políticas de la nueva derecha en educación? Dentro de la aspiración a reestructurar el mundo en todas sus facetas —económicas, sociales, políticas y, sobre todo, culturales—, la educación ha ocupado en este discurso un lugar importante. También aquí se ha aplicado ese maniqueísmo intelectual que tiende a minusvalorar lo público y a exaltar las bondades de lo privado. Sin embargo, no se ha podido utilizar enteramente en educación una de las recetas fundamentales de la nueva derecha, la privatización. Es cierto que a favor de la privatización de la educación se han esgrimido importantes razones, tales como la reducción presupuestaria que ello supondría, la necesidad de dinamizar el funcionamiento de las instituciones educativas o la revalorización del conocimiento como factor de producción, razones todas ellas no exentas de una fuerte connotación ideológica.

© Ediciones Morata, S. L.

No obstante, los impulsores de esas políticas han sido sin duda conscientes de la existencia doblemente centenaria de los sistemas públicos de educación que impedía una aplicación pura y simple de la privatización. Se ha mantenido, pues, la doble red de centros de educación, públicos y privados, aunque con correcciones importantes: en la práctica política, la aceptación de esta doble red en la Inglaterra de los años ochenta del pasado siglo ha consistido en adjudicar a la Escuela Pública la función subsidiaria de suministrar una Educación Básica a la mayoría de la población, mientras que la escuela privada asumía la misión de dar una educación de calidad a la minoría rectora. Junto a esta realidad práctica, se ha emprendido una constante crítica de la educación pública y se han formulado propuestas que han tendido, de una parte, a favorecer la escuela privada, y, de otra, a trasplantar a la escuela pública métodos y procedimientos de gestión propios de la empresa privada, lo que podemos denominar sin hipérbole alguna una privatización parcial de la educación pública.

La crítica a la escuela pública ha sido incesante, tanto cuando la nueva derecha se encontraba en la oposición como cuando ha gobernado. Se ha partido para ello de una presunción no probada, llevada hasta sus últimas consecuencias: la escuela pública no es eficaz, no es eficiente. Sin embargo, la cuestión que esta derecha no quiere plantearse sigue presente: ¿todos los sistemas públicos de educación son eficaces o no?, ¿todas las escuelas públicas ineficaces?, ¿lo son por definición, por el hecho de ser públicas? En realidad, la crítica de la escuela pública porta en sí misma una profecía que se cumple de antemano: no hay salvación fuera de la escuela privada, lo que equivale a proclamar el dogma de la privatización de la educación. Lo grave no es sólo este planteamiento, lo grave es que ideológicamente se trata de retornar al pasado: la educación pierde de este modo el carácter público que los sucesos de 1789 expandieron por todo el mundo y se transforma en un bien de mercado sujeto a las leyes de la oferta y la demanda. Con ello se desintegra la laboriosa construcción de la educación como un derecho, lograda a lo largo de dos siglos, desapareciendo de la vida pública la concepción de la educación como un derecho social. La llegada a puerto sería la sustitución de una sociedad de ciudadanos por una sociedad de consumidores.

Los instrumentos de esa privatización parcial de la educación son fundamentalmente tres: la calidad de la educación, la libertad de elección de centro docente y la autonomía institucional de los establecimientos de enseñanza. Aunque, a lo largo de este libro, nos hayamos ocupado en diversas ocasiones de estos problemas, recapitulamos ahora breve y sistemáticamente nuestra reflexión.

© Ediciones Morata, S. L.

El discurso de la calidad

La calidad, según las políticas de la nueva derecha, suele identificarse con el rendimiento escolar de los centros docentes y de los alumnos, sin tener en cuenta la desigual situación de partida de los educandos, las necesidades de formación de los alumnos o el derecho de todos a una educación de calidad. La obsesión neoliberal por la adquisición de conocimientos, medidos con las famosas pruebas, olvida elementos cualitativos tan importantes para la escuela como la formación general de los alumnos, la formación de los docentes, la orientación escolar, los materiales didácticos o el mismo proceso de enseñanza y aprendizaje, elementos todos no susceptibles de medición cuantitativa. Se pone de relieve aquí, una vez más, una concepción economicista de la educación donde la especificidad pedagógica de la escuela es olvidada, desconocida o relegada. Los factores pedagógicos son sustituidos por criterios económicos, y la escuela, considerada como un bien de mercado, es evaluada en función de los resultados que produce. La escuela aparece así como una unidad de producción donde lo importante no son los factores pedagógicos sino la gerencia del centro docente, la adecuada división del trabajo en la organización escolar, la evaluación del producto o el control de calidad del resultado. En esta concepción no hay lugar para el ejercicio del derecho a la educación, la formación íntegra de la personalidad, la compensación de las desigualdades o la atención a poblaciones marginadas o excluidas. El educando no es ya un futuro ciudadano en formación sino un futuro consumidor. Los padres y madres son en realidad clientes que buscan lo mejor que les ofrece el mercado de la educación.

El discurso de la libertad de elección de centro docente

Las políticas de la nueva derecha combaten la presunta ineficacia de las escuelas públicas acudiendo a la idea de un mercado de bienes educativos donde cada alumno —o los padres en su lugar— puede elegir libremente el centro docente. Es una variante del viejo principio de libertad de enseñanza, hoy aceptado en todas las constituciones y leyes de educación, sólo que este discurso es también una variante de la privatización de la educación. Si la educación es un bien sometido a las leyes del mercado, el consumidor de educación debe tener plena libertad para poder elegir entre varios tipos de educación y, en consecuencia, la educación privada debe poder competir con la pública en condiciones de igualdad (el dinero sigue al cliente, es decir, al alumno). Su más pura plasmación sería la teoría del cheque escolar: cada alumno recibiría un cheque, referente al coste promedio de la educación, todas las escuelas competirían en calidad y ofrecerían un determinado proyecto de educación.

El discurso de la libertad de elección, sin embargo, no tiene en cuenta poderosos factores que siguen presentes en la vida pública. Posterga el papel importante que puede jugar la educación como factor de cohesión y de estabilidad sociales, así como de integración nacional, no parece apreciar el rol de la educación como elemento de socialización política que contribuye a la formación de ciudadanos, aplica a la educación el individualismo posesivo que caracteriza a la economía de mercado, y, sobre todo, pretende relegar al olvido la diferente posición de partida de alumnas y alumnos, esto es, el diferente capital cultural con que acceden a la escuela. Como ha dicho RANSON (1993), la conversión de la educación en un bien de mercado da lugar a mayores desigualdades sociales, ya que el nuevo sistema se limita en realidad a reproducir los desequilibrios existentes, dando mayores ventajas a las escuelas que ocupan ya un lugar destacado o privilegiado.

La libertad de elección de centro docente ha sido, sin duda, sobrestimada por el neoliberalismo. Estamos ante un derecho importante que ocupa su lugar dentro del complejo haz de derechos y libertades que constituyen hoy el soporte real de una efectiva educación. Pero privatizar la educación pública es hacer un mal servicio a una educación que debe ser para todos. La dicotomía escuela pública/escuela privada no debe plantearse como relación excluyente, sino como complementaria, siempre que ambos tipos de escuelas satisfagan la función social que debe cumplir la educación.

El discurso de la autonomía institucional

El discurso de la autonomía de los establecimientos docentes está estrechamente relacionado con el de la calidad y el de la libertad de elección de educación. También aquí se parte de que la educación "está afectada por la enfermedad de lo público" (LÓPEZ RUPÉREZ, 1997, pág. 12), de que no se trata tanto de incrementar los recursos sino de gestionar mejor y, sobre todo, de establecer la competencia entre las escuelas. Para ello, nada mejor que dar autonomía a los establecimientos docentes a fin de que puedan competir entre sí por los alumnos.

El problema no está en la autonomía institucional, sino en los medios y en los límites. Si no se dan medios a las escuelas públicas, si no se les dota de una verdadera autonomía pedagógica, económica y administrativa, estas escuelas difícilmente podrán competir. Por otra parte, ¿cómo se resuelve la tensión entre la descentralización institucional en los centros y la unidad del sistema educativo?, ¿cuál es el margen real de autonomía que se propone?

La descentralización (no sólo la institucional) ha estado —y sigue estando— muy en boga en los últimos años. Sin duda, es fruto de una reacción frente a los excesos y pesadas cargas de la centralización (no olvidemos, sin embargo, que la centralización ha sido, también históricamente, un instrumento para la construcción de las naciones, de la democracia y de la aplicación del principio de igualdad). En todo caso, conviene tener presente que la descentralización en los centros docentes, esto es, la concesión de la autonomía institucional (pocas veces auténtica), esconde en no pocas ocasiones una estrategia política consistente en desplazar responsabilidades de los poderes públicos a los centros docentes, privatizando por esta vía la educación: el éxito o el fracaso corresponde ahora a los centros docentes en virtud de su autonomía institucional.

En el marco de la citada estrategia, los profesores, los directores y los alumnos cargan sobre sus hombros su propio destino, tanto si fracasan como si triunfan. Y es el mercado, en función de la competitividad de los establecimientos docentes, el que asigna una u otra condición de ganador o perdedor (por cierto, ¿a quién importa el destino de los que pierden?). Los gobiernos y las administraciones educativas alegarán que carecen de competencia alguna puesto que han descentralizado en las escuelas la educación y, obviamente, sin competencia no hay responsabilidad política. En realidad, todo el discurso neoliberal apunta a un desplazamiento del papel del Estado, convertido en un puro proveedor de recursos financieros. Apunta también a un cambio de escenario: la educación desaparece del campo de la política para entrar en el ámbito del mercado, quedando la toma de decisiones políticas al albur de "decisiones individuales [adoptadas] en función de intereses particulares y de corto plazo" (TEDESCO, 1997, pág. 75). De esta forma, la educación no aparece ya como un bien inmaterial, cultural, al que se tiene derecho por poseer la condición de persona y ser miembro de la comunidad política, sino un bien material sometido a las leyes eternas de la oferta y la demanda y a sus drásticas oscilaciones.

En realidad, el mensaje neoliberal no es nuevo. Es, como se ha dicho con acierto, una manifestación más de la vieja teoría de la selección natural, propia del darwinismo social:

"La educación como mercado viene a ser la manifestación social de la selección natural darwiniana. [...] Se parte de que todos los padres tienen los recursos suficientes para hacer posible la elección [de centro]: tiempo para buscar una buena escuela y transportar al niño sea cual fuere la distancia; disponibilidad de coche propio, de autobús escolar y, en última instancia, posibilidad de cambiar de domicilio. La elección [de centro] supone costes que posiblemente son prohibitivos para muchas familias [...], y desde luego en las zonas rurales la promesa de la libertad de elección sólo puede ser considerada cínicamente, como una retórica vacía de contenido [...].

[...] Dentro de la lógica del mercado todos son libres e iguales, sólo se diferencian por su capacidad para estimar su propio interés. Pero, con todo, el mercado enmascara su propensión social [...]. Bajo una apariencia de neutralidad, la actividad del mercado confirma y refuerza el orden de riqueza y privilegio preexistente. El mercado es un crudo mecanismo de selección social".

(RANSON, 1993, pág. 337.)

© Ediciones Morata, S. L.

Bibliografía

ARISTÓTELES (1997). *Política*. Madrid, Austral, 19.ª ed.
BATTAGLIA, F. (1966). *Estudios de teoría del Estado*. Madrid, Publicaciones del Real Colegio de España en Bolonia.
BECK, U. (1998). *¿Qué es la globalización? Falacias del globalismo, respuestas a la globalización*. Barcelona, Paidós.
BENNET, W. (1994). *The book of virtues*. Nueva York, Simon and Schuster.
BERLIN, I. (1998). *Cuatro ensayos sobre la libertad*. Madrid, Alianza
BOBBIO, N. (1991). *El tiempo de los derechos*. Madrid, Sistema.
BODIN, J. (1985). *Los seis libros de la República*. Madrid, Tecnos.
BOLIVAR, A.; RODRÍGUEZ DIÉGUEZ, J. L. (2002). *Reformas y retórica: La reforma educativa de la LOGSE*. Málaga, Aljibe.
BOURDIEU, P. (1997). "La esencia del neoliberalismo", *Revista Colombiana de Educación*, núm 35, segundo semestre, págs. 149-155.
BURDEAU, G. (1953). *Traité de Science Politique. Tome V. L'Etat liberal et les techniques politiques de la démocratie gouvernée*. París, Librairie Générale de Droit et de Jurisprudence.
CÁMARA, G. (2000). "Constitución y educación (los derechos y libertades del ámbito educativo a los veinte años de vigencia de la Constitución de 1978)". En G. TRUJILLO, L. LÓPEZ GUERRA y P. J. GARCÍA TREVIJANO (dirs.), *La experiencia constitucional (1978–2000)*, Madrid, Centro de Estudios Políticos y Constitucionales, págs. 265–305.
CAMPS, V. (1994). "La igualdad y la libertad". En A. VALCARCEL, *El concepto de igualdad*, Madrid, Fundación Pablo Iglesias.
CARNOY, M. (1999). "Globalización y reestructuración de la educación", *Revista de Educación*, núm. 318, enero–abril, págs. 145–162.
— (2001). "La articulación de las reformas educativas en la economía mundial", *Revista de Educación*, número extraordinario sobre "Globalización y educación", págs. 111-120.

CASTELLS, M. (2000). *La era de la información: economía, sociedad y cultura. Vol. I. La sociedad red*. Madrid, Alianza, 2.ª ed.
— (2001). *La era de la información: economía, sociedad y cultura. Vol. III. Fin de milenio*. Madrid, Alianza, 3.ª ed.
CIPOLLA, C. (1970). *Educación y desarrollo en Occidente*. Barcelona, Ariel.
CONDORCET (1921). *Bosquejo de un cuadro histórico de los progresos del espíritu humano*. Madrid, Espasa–Calpe, tomo II.
— (1990). *Informe y proyecto de decreto sobre la organización general de la Instrucción pública*. Madrid, Centro de Estudios Ramón Areces.
CONSTANT, B. (1989). *Escritos políticos*. Madrid, Centro de Estudios Constitucionales.
CUBAN, L. (1990). "Reforming Again, Again and Again", *Educational Researcher* (19), 1, págs. 3-13.
DELORS, J. (1996). *La educación encierra un tesoro: informe a la UNESCO de la Comisión Internacional para el siglo XXI*. Madrid, Santillana.
DIGUIT L. y cols. (1952). *Les Constitutions et les principales lois politiques de la France depuis 1789*. París, Librairie General de Droit et de Jurisprudente, 7.ª ed.
EASTON, D. (1957). "The Function of Formal Education in a Political System", *The School Review* (LXV), págs. 304–316.
EMBID IRUJO, A. (1983). *Las libertades en la enseñanza*, Madrid, Tecnos.
ESTEBAN, J. DE (1979). *Constituciones españolas y extranjeras*, Madrid, Taurus, vol. II (2.ª ed.).
FERNÁNDEZ ENGUITA, M. (1990). *Juntos pero no revueltos. Ensayos en torno a la reforma de la educación*. Madrid, Visor.
FERRANDIS TORRES, A. (1988). *La escuela comprensiva: situación actual y problemática*. Madrid, Ministerio de Educación y Ciencia.
GALLISSOT, R. (1991). "État national et État de droit dans et depuis la Révolution Française". En M. A. GARCÍA HERRERA (ed.), *Derechos humanos y Revolución francesa*, Bilbao, Universidad del País Vasco, págs. 29–37.
GARCÍA DE ENTERRÍA, E. (1994). *La lengua de los derechos. La formación del Derecho Público europeo tras la Revolución Francesa*. Madrid, Alianza.
GARCÍA GARRIDO, J. L. (1994). *Reformas educativas en Europa*, Madrid, CECE–ITE.
GIMENO, J. (2001). "El significado y la función de la educación en la sociedad y cultura globalizadas", *Revista de Educación*, número extraordinario sobre "Globalización y educación", págs. 121–142.
GINER DE LOS RÍOS, F. (1927). *Obras completas*. Madrid, Espasa–Calpe, tomo XVII.
GUTTMAN, A. (2001). *La educación democrática. Una teoría política de la educación*. Barcelona, Paidós.
HAYEK, F. A VON (1977). *Camino de servidumbre*. Madrid, Alianza, 1.ª reimpresión.
HOBSBAWM, E. (1995). *Historia del siglo XX. 1914–1991*. Barcelona, Crítica.
HUSÉN, T. (1988). *Nuevo análisis de la sociedad del aprendizaje*. Barcelona, Paidós–Ministerio de Educación y Ciencia.
INSTITUTO NACIONAL DE CALIDAD Y EVALUACIÓN (1997). *I. Elementos para un diagnóstico del sistema educativo. Informe global*. Madrid, Ministerio de Educación y Ciencia.
LANDES, D. S. (1999). *La riqueza y la pobreza de las naciones. Por qué algunas son tan ricas y otras tan pobres*. Barcelona, Crítica.

© Ediciones Morata, S. L.

LAWTON, D. (1993). "Political Parties, Ideology and the National Curriculum", *Educational Review*, (45), 2, págs. 111–118.
— (1994). *Education and Politics in the 1990s; Conflict or Consensus?* Londres, The Falmer Press (reimpresión).
LÓPEZ RUPÉREZ, F. (1997). *La gestión de calidad en educación*. Madrid, La Muralla, 2.ª ed.
LOZANO, B. (1995). *La libertad de cátedra*. Madrid, Universidad Nacional de Educación a Distancia y Marcial Pons.
MAQUIAVELO, N. (1973). *El Príncipe*. Madrid, Espasa-Calpe.
MARSHALL, T. H. (1998). "Ciudadanía y clase social". En T. H. MARSHALL y T. BOTTOMORE, *Ciudadanía y clase social*, Madrid, Alianza, págs. 15–82.
MARTÍNEZ, M.; BUJONS, C. (coords.) (2001). *Un lugar llamado escuela. En la sociedad de la información y la diversidad*. Barcelona, Ariel.
MCGINN, N. F. (1997). "De la globalización en los sistemas educativos nacionales", *Perspectivas* (27), 1, págs. 41–57.
MONTESQUIEU, BARÓN DE (1985). *Del espíritu de las leyes*. Madrid, Tecnos.
NAVARRO, V. (1998). *Neoliberalismo y Estado del bienestar*. Barcelona, Ariel, 2.ª ed.
PALMER, R. R. (1985). *The Improvement of Humanity. Education and the French Revolution*. Princeton, Princeton University Press.
PEDRÓ, F.; PUIG, I. (1988). *Las reformas educativas. Una perspectiva política y comparada*. Barcelona, Paidós.
—; ROLO, J. M. (1998). "Los sistemas educativos iberoamericanos en el contexto de la globalización. Interrogantes y oportunidades", *Revista Iberoamericana de Educación*, núm. 17, mayo–agosto, págs. 257–289 (documento de trabajo presentado a la VIII Conferencia Iberoamericana de Educación).
PÉREZ, A. (2002). "Las finalidades de la educación". En J. TORREBLANCA (coord.), *Los fines de la educación. Una reflexión desde la izquierda*. Madrid, Biblioteca Nueva, págs. 25–39.
PETTIT, P. (1999). *Republicanismo. Una teoría sobre la libertad y el gobierno*. Barcelona, Paidós.
PLATÓN (1975). *La República o el Estado*. Madrid, Austral, 12.ª ed.
PRUNTY, J. J. (1987). *A Critical Reformulation of Educational Policy Analisis*. Victoria. Deakin University (1.ª reimpresión).
PUELLES BENÍTEZ, M. DE (1992). "Informe sobre las experiencias de descentralización educativa en el mundo occidental", *Revista de Educación*, núm. 299, septiembre–diciembre, págs. 353-376.
— (1996). "Consideraciones sobre la libertad de enseñar o de cátedra", *Revista de Educación*, núm. 311, septiembre–diciembre, págs. 379–395.
— (1999). "Principios sociopolíticos del currículum". En J. ARGOS y M. P. EZQUERRA (eds.), *IV Jornadas de Teorías e Instituciones Educativas Contemporáneas*, Santander, Universidad de Cantabria, págs. 101–117.
— (2004). *Elementos de política de la educación*, Madrid, Universidad Nacional de Educación a Distancia
— (2005) (coord.). *Educación, igualdad y diversidad cultural*, Madrid, Biblioteca Nueva.
— y TORREBLANCA PAYÁ. J. I. (1995). "Educación, desarrollo y equidad social", *Revista Iberoamericana de Educación*, núm. 9, septiembre–diciembre, págs. 165–189.
— y URZÚA, R. (1996). "Educación, gobernabilidad democrática y gobernabilidad

© Ediciones Morata, S. L.

de los sistema educativos", *Revista Iberoamericana de Educación*, núm. 12, septiembre–diciembre, págs. 107–135.
RAMÍREZ, M. (1971). *Nuevas perspectivas de la Ciencia Política*. Granada, Universidad de Granada.
RANSON, S. (1993). "Markets or Democracy for Education", *British Journal of Educational Studies*, (41), 4, págs. 333–352.
RODRÍGUEZ ROMERO, M. del M. (1998). "El cambio educativo y las comunidades discursivas: representando el cambio en tiempos de postmodernidad", *Revista de Educación*, núm. 317, septiembre–diciembre, págs. 157–184.
ROUSSEAU, J. J. (1970). *Discurso sobre el origen y los fundamentos de la desigualdad entre los hombres*. Barcelona, Península.
SABINE, G. H. (1965). *Historia de la teoría política*. México–Buenos Aires, 3.ª ed.
SARASON, S. B. (2003). *El predecible fracaso de la reforma educativa*. Barcelona, Octaedro.
SARTORI, G. (1992). *Elementos de teoría política*. Madrid. Alianza.
— (1993). *La democracia después del comunismo*. Madrid, Alianza.
— (2001). *La sociedad multiétnica. Pluralismo, multiculturalismo y extranjeros*. Madrid, Taurus.
TEDESCO, J. C (1995). *El nuevo pacto educativo. Educación, competitividad y ciudadanía en la sociedad moderna*. Madrid, Anaya.
— (1997). "Educación, mercado y ciudadanía". *Revista Colombiana de Educación*, núm. 35, segundo semestre, págs. 71–84.
— (2001)."Educación y hegemonía en el nuevo capitalismo: algunas notas e hipótesis de trabajo", *Revista de Educación*, número extraordinario sobre "Globalización y educación", págs. 91–99.
TENA RAMÍREZ, F. (1980). *Leyes fundamentales de México, 1808–1979*. México, Porrúa.
TIACK, D.; CUBAN, L. (1995). *Tinkering toward Utopia. A Century of Public School Reform*. Cambridge, Mss., Harvard University Press.
TIANA FERRER, A. (2002a). "Socialismo y sistemas educativos". En A. TIANA, G. OSSENBACH y F. SANZ (coords.), *Historia de la Educación (Edad Contemporánea)*, Madrid, Universidad Nacional de Educación a Distancia, págs. 163–187.
— (2002b). "Reconstrucción de los sistemas educativos después de la Segunda Guerra Mundial". En A. TIANA, G. OSSENBACH y F. SANZ (coords.), *Historia de la Educación (Edad Contemporánea)*, Madrid, Universidad Nacional de Educación a Distancia, págs. 259–280.
TIERNO GALVÁN, E. (1964). *Acotaciones a la historia de la cultura occidental en la Edad Moderna*. Madrid, Tecnos.
TOCQUEVILLE, A. de (1963). *La democracia en América*. México, Fondo de Cultura Económica, 2.ª ed.
TOURAINE, A. (1994). *¿Qué es la democracia?* Madrid, Temas de Hoy.
TRACY, S. J. (1987). "The Positive Politics of Education", *The Clearing House*, 36 (5), págs. 223–225.
VALCÁRCEL, A. (1993). *Del miedo a la igualdad*. Barcelona, Crítica.
VALLESPÍN. F. (2000). *El futuro de la política*. Madrid, Taurus.
VEGA, P. DE (1970). "Ciencia política e ideología", *Boletín de Ciencia Política*, 3, págs. 68–93.
VIÑAO, A. (2002). *Sistemas educativos, culturas escolares y reformas*. Madrid, Morata.

© Ediciones Morata, S. L.